幼児食期別 気をつけたい食材チェック表

幼児食期になると食べられる食材は増えますが、初めて食べる食材は大きさやかたさを時期〔に合った状態〕にしてから与えましょう。

前期 1才6ヵ月～2才　**後期** 3才～5才

表の見方
○…食べさせてよいもの
△…大きさやかたさ、量に気をつけながら食べさせるもの
✕…塩分や糖分が多い、誤えんの危険性があるなど、できるだけ食べさせないもの

食材名	前期	後期	食べさせ方の注意点
玄米	✕	△	白米より消化吸収率が悪いためあまりおすすめはできません。少量混ぜる程度や胚芽米がよいでしょう。
赤飯・おこわ	△	○	かむ力が弱い頃はさけます。もち米だけのものは注意。うるち米を混ぜたりするとよいでしょう。
もち・白玉団子	✕	✕	のどに詰まらせる危険があります。5才をすぎるまでは食べさせないようにしましょう。
中華麺	△	○	こしがありかみにくいことも。短く切って食べやすくしましょう。またラーメンなど汁麺にするときは塩分のとりすぎに気をつけましょう。
ベーグル	✕	△	かむ力が必要で飲み込みにくいため、かみ合わせが整ってからにしましょう。一緒に水分もとりましょう。
パン・蒸しパン	○	○	口の中に入れすぎるとのどに詰まることもあります。水分と一緒にあげましょう。
そば(乾麺・蒸し)	△	○	食物アレルギーが強く出ることのある食品。初めてあげるときは少しにすると安心。
春雨	○	○	丸のみしやすい食品。かめるように野菜などと一緒に食べるのがおすすめ。
長いも・山いも	○	○	生で食べるとかゆみが出ることもあります。口のまわりをワセリンで保護すると安心。できるだけ加熱します。
ミニトマト	○	○	皮付きの丸のままでは、のどに詰まらせる危険があります。加熱して使ったり、4等分に切りましょう。
生野菜	○	○	しっかり洗って皮はむきます。スティックなどは年齢が小さいうちは加熱して厚さは5mm以下にすると食べやすくなります。
水菜	○	○	薄くてかみ切りにくいことも。ほかの野菜やお肉と一緒だと食べやすくなります。
にんにく・しょうが	△	○	料理の風味づけとして少量を使用する程度に。
にら・長ねぎ・青ねぎ	○	○	香りや風味の好き嫌いがあります。
しその葉・パセリ	○	○	香りが強いので少量を使いましょう。
たけのこ(水煮)	△	○	かみ切りにくいのであげるときは、薄く(厚さ5mm以下)切ってあげるようにしましょう。
きのこ類(しいたけ・えのきたけ・エリンギ・しめじなど)	△	○	かみ切りにくいので、小さく切るとよいでしょう。特に1～2才は注意します。1～2cmくらいに切りましょう。
糸こんにゃく・しらたき	△	○	丸のみしやすいので、食べやすい長さに切ってあげましょう。
こんにゃく	✕	△	かみ切りにくいので、薄く(厚さ5mm以下)に切ってあげるようにしましょう。
漬物	△	△	塩分が多いので少量に。
のり	○	○	飲み込みにくいので、きざみのりにするか、小さくちぎってあげましょう。
わかめ	△	○	1～2才の頃はあげるならみじん切りにしましょう。3才以降でも小さく切ったり、ごはんや、とろみや粘り気のあるものと調理するのがおすすめ。
枝豆・茹で大豆	△	△	粒のまま軽い状態では気管に入ってしまうことも。薄皮をむいて細かく切り、ごはんやとろみのついたものに混ぜるなどが安心です。
ピーナッツや、煎り大豆などの乾いた豆	✕	✕	飲み込むと気道をふさぐ恐れがあります。5才をすぎるまでは食べさせないようにしましょう。
キウイ・パイナップル	○	○	舌に違和感が出ることがある食べ物。アレルギーも幼児期に発症するケースがあるので、口の中の違和感を言われたら様子をみて。
りんご・柿	○	○	大きな角切りなどは喉につまりやすいので、あげないようにします。薄く切ったり加熱したりすると食べやすくなります。
ぶどう	○	○	のどに詰まらせないように皮や種をとり、小さく切りましょう。
フルーツ缶詰	△	△	糖分が多いので少量を。食べすぎに注意。
薄切り肉	○	○	パサつくと食べにくいものもありますが、じゃがいもなどとろみのあるものと一緒にしたり、野菜などとともに食べるとかみやすくなります。
肉の脂身	△	△	肉は脂身より赤身のところのほうが鉄やたんぱく質が多いのでおすすめですが脂身を取り除く必要はありません。しかし、かみ切れないことが多いので、脂身は少ないほうがよいでしょう。脂身をあげるときは小さく切ったり少量からがよいでしょう。

穀物
パン
麺類

野菜
海草類
果物

肉

切り取り線

	食材名	前期	後期	食べさせ方の注意点
魚 魚介 加工品 肉加工品 乳製品 卵 大豆製品	干物	△	△	塩分が多いので少量を味つけ程度に。
	魚肉ソーセージ	△	△	かみ切りにくいので、薄く切って。塩分、添加物が多いので少量を味つけ程度に。
	刺身	△	△	食中毒の危険もあるので元気なときで2才以降など大きくなってから少量を。かみ切りにくいので少し焼くのがおすすめ。
	いか・たこ	△	△	かみ切りにくいので薄く切るとよいでしょう。歯が生えそろってかむ回数が増え、かむ力がついてから、少しずつ様子をみて。
	あさり・しじみなど 二枚貝	△	○	しっかり加熱をして食べるようにしましょう。かみ切りにくいので、歯が生えそろってからがよいでしょう。
	たらこ・いくら	△	△	塩分が多いので少量に。魚卵アレルギーの可能性もあるので少量から。
	えび・かに	△	○	アレルギーの可能性もあるので少量で様子をみてからあげるとよいでしょう。えびの種類や調理法によって、かたく弾力がある場合には薄く切ってあげましょう。
	はんぺん	△	○	塩分が多いので少量に。卵などを含みます。原料を確認しましょう。
	かまぼこ	△	△	かみ切りにくいので、薄く（厚さ5mm以下）に切ってあげるようにしましょう。塩分が多いので少量に。
	ハム・ソーセージ・ ベーコン	○	○	塩分が多いので少量を味付けとして使うとよいでしょう。ソーセージは斜めや縦に切ると誤えん防止になります。
	球形のチーズ	○	○	のどに詰まらせないように、つぶしてあげたり、加熱してやわらかくしたり、小さく切ってあげましょう。
	牛乳	○	○	1才をすぎたらごくごく飲んでもOKですが、母乳やミルクの代わりではなく食事の一環として多くなりすぎないようにしましょう。1日に200〜400mℓくらいにしましょう。
	温泉卵・半熟卵・ 卵とじ等	△	○	しっかり加熱した卵料理より、アレルギーが出やすいので注意しましょう。
	生卵	×	△	細菌感染の恐れがあるほか、アレルギーも出やすいため、なるべく生卵は避けましょう。
	うずらの卵	○	○	のどに詰まらせる危険があります。小さく切りましょう。
	油あげ	○	○	かみ切りにくいので小さく切ってあげましょう。
調味料	こしょう	△	△	刺激が強いので使う場合は少量に。
	みりん・酒	○	○	必ず加熱してアルコールを飛ばすようにしましょう。
	オイスターソース	○	○	味が濃いので少量から使いましょう。
	マヨネーズ	○	○	マヨネーズは卵のアレルギーがある場合には使えません。最初に使うときは加熱したり少量にするなど注意しましょう。
	からし・わさび	×	△	刺激が強く食べにくいため避けるとよいでしょう。粒マスタードは辛味が少ないので少量からなら使えます。
	豆板醤・ ゆずこしょう	×	△	刺激が強いので、少しだけにしましょう。
	ナツメグなどの 香辛料	×	△	刺激が強いので、少しだけにしましょう。
	はちみつ・黒砂糖	○	○	1才未満は避けますが、1才以降は問題なく食べられます。
飲料	緑茶・ウーロン茶・ 紅茶	△	△	カフェインが含まれるため大量に飲ませるのはNG。
	コーヒー	×	×	カフェインが多く含まれるため、避けましょう。
	ココア・カカオ	△	○	色付けや風味付け程度に。糖分を多く含むタイプは少量を。
	乳酸菌飲料	×	△	糖分が多いためあえてあげなくてもよいでしょう。
	飲むヨーグルト	×	△	糖分が多く満腹感を感じやすいので、あえてあげなくてもよいでしょう。
	炭酸飲料	×	△	糖分が多いものもあり、発泡により満腹感を感じやすいので、食事に影響が出ない程度に。
嗜好品	菓子パン	△	△	糖分、油分が多いので、食事の代わりと考えずお菓子であると考えたほうがよいでしょう。1週間くらいのペースで見直し、多くなりすぎないようにしましょう。
	チョコレート	×	△	糖分が多いので、あえてあげなくてもよいでしょう。
	生クリーム	△	○	糖分、油分が多いので、あげるときは少量にしましょう。
	グミ・キャンディ	×	△	糖分が多いので、あえてあげなくてもよいでしょう。また飲み込んでしまうこともあるので、形状などに十分な注意が必要です。
	カスタードクリーム	△	○	卵を含みます。加熱卵が食べられても、カスタードクリームやプリンだとアレルギーが出たりすることがありますので初めて食べるときには注意が必要です。
	アイスクリーム	△	○	冷たいので甘さを感じにくいですが、とても多くの糖分と油分を含みます。食べすぎには注意しましょう。卵を含むこともありますので、あわせて注意しましょう。

まねしてラクラク迷わない！

365日
の
フリージング幼児食

監修　管理栄養士　**川口由美子**

料理　**母子栄養協会**

西東社

「フリージング幼児食」で
子どもの好きな料理を
たくさん見つけてください

心身ともに成長し、できることが増える幼児期。

好き嫌いなく食べさせて、栄養バランスをしっかり整えたいと思っている
ママ・パパも多いと思います。

でも実際には、好き嫌いや、そのときの機嫌で食べてくれなかったり、
外食をしたときだけもりもり食べたり… 子どもの食事って難しいなと思います。

365日、食事作りは大変です。
でも、忙しくても、できることなら手作りした食事を「おいしい！」と食べてもらいたい。
そんなママ・パパの手助けになればと、この本を作りました。

この本では、栄養バランスが整っていて、
まとめて作っておけばパッと用意ができる、
カンタンな幼児食のフリージングレシピを集めました。

食べやすい味つけで子どもも喜んで食べてくれる、
栄養バランスを考えた品々を紹介しています。

この本を通じて、ぜひ「お子さんの好きな料理」を見つけてみてください。

賢く時間を使い、食事作りの時間を短縮することで、
家族の笑顔が増えて、家族みんなでゆったり食卓を囲んでいただけるとうれしいです。

家族みんなに、笑顔があふれる食卓になりますように。

管理栄養士　川口由美子

Contents

《フリージング幼児食》には メリットがたくさん！

フリージングを活用して幼児食を進めることには、たくさんのメリットがあります。
メリットを生かして、ぜひ活用してください。

ベースのおかずを冷凍して作りおき。 だから、時短・カンタン

フリージング幼児食は、ベースになるおかずや調理済みの食材を冷凍する方法です。だから毎日の食事作りは時短になり、複数のメニューもカンタンに作れます。「幼児食は、メニューが大人並みで手がかかりそう」「1〜2才代はイヤイヤ期真っただ中で、料理に時間がかけられない」。そんなお悩みも、フリージング幼児食なら、大丈夫！　毎日、時短・カンタンに幼児食を進めていきましょう。

とにかく調理が 超カンタン

食べる前に、冷凍ストックを電子レンジでチンしてほかの食材と混ぜるだけ、焼くだけと、作る手間がかかりません。さっと用意してさっと食べられるから、とってもラクです。

こまかい計量が いらないからラク

冷凍ストックは、使いやすい量に分けて冷凍しておきます。だから、毎回の食事の用意の際は、計量の手間がほとんどありません。面倒な手間なく時短調理ができます。

料理テクが必要ない

食事の際の調理はレンチンがメインなので、料理テクが必要ありません。冷凍ストックの調理もカンタンなものばかり。だから、料理が苦手な人でも、失敗なく幼児食が作れます。

毎日の献立に悩まない

ベースになるおかずが冷凍されていて、それを使った1週間分の献立が決まっているから、夕食の献立に悩みません。朝食、昼食は「フリージング1品メニュー」（P70、130）を活用すると◎。

特別な食材は必要ない

冷凍ストックのほかに冷凍以外の食材を使う献立もありますが、牛乳やチーズなど、家にある食材がほとんど。だから、「買い物に行けなくて作れない！」ということがありません。

冷凍で食材が幼児食向きになる

野菜は冷凍すると組織が壊れて食感がしんなりするものが多く、かむ力が弱い幼児に向いています。冷凍・解凍するだけで加熱したように食べやすい状態になるのもメリットです。

冷凍すると味が落ちにくい

フリージングの作りおきには、味が落ちにくいという利点があります。冷凍保存後2週間以内に調理すれば、いつでもおいしく食べられます。

子ども1人分×5で3人家族分に！

冷凍ストックのレシピは、1回分＝子ども1人分で紹介しています。パパ、ママ、子どもの3人分を一緒に作るときは、子ども1人分の5倍量で作りましょう。

幼児食の進め方

離乳食は、母乳やミルク以外の固形物を食べられるようになるのが目標でした。
幼児食の目標や大切なポイントは何かを解説します。

幼児食で目指すこと

「食生活」の土台を育む

味には、甘みや塩味など本能的に判断できる味と、酸味や苦みなど、少しずつ学習して覚える味があります。将来、食べる楽しさ、「食」への興味を持てるよう、幼児期からいろいろな味に親子で触れてみましょう。毎日の食卓での大人の「おいしいね」の声がけも、将来の食生活によい影響を与えることでしょう。

よくかむ習慣の基礎をつくる

幼児期には口の中も広くなり、飲み込む力も強くなります。少し大きいものも飲み込めるようになるので、かまずに飲み込んでしまうことがあります。丸のみは、食べ物をのどに詰まらせる心配があります。落ち着いて座り、よくかむ習慣をつけましょう。大人が一緒に食卓に座り、かむ様子を見せるのもとても重要です。

かたさや形を工夫しかむ力を育てる

乳歯のかみ合わせは、20本の乳歯がそろってから半年くらいかけて徐々に完成します。幼児期は、かみ合わせが不ぞろいで、何でもかめるわけではありません。しかし、かみ合わせがそろうまで、やわらかいものばかり食べていては、かむ力が育ちません。少しずついろいろなかたさや形状に挑戦できるとよいでしょう。

必要な栄養を効率よくとる

幼児期は、運動量がぐんと増す時期。必要なエネルギー量が増えます。幼児期には成人女性の約半分のエネルギーが必要で、カルシウムや鉄などの必要量は半量以上を推奨されています（P9参照）。食事で栄養をとるのはもちろん、おやつは、お菓子ではなく、野菜や果物、穀類などから補い、効率よく栄養をとれるようにします。

幼児食で大切なこと

食べ物での
窒息事故を防ぐ

食事中は子どもが食べることに集中できるよう、気が散るものは片づけ、口の中にたくさん詰め込まない、よくかんでから飲み込む、口の中に食べ物があるときはしゃべらない、食べながら歩かない、などを毎回説明しましょう。のどが乾燥していると飲み込みにくくなるので、汁物などでのどを潤すのも大切です。

食べる楽しさを通して
食べる意欲を育てる

食事のマナーを教えることは大切ですが、食事のたびに注意すると、子どもの「食べたい」という意欲が育ちにくくなってしまいます。食事のマナーは、おままごとなどの遊びを通して教えることもできます。食事中は子どもが楽しく食べることを重視しましょう。偏食についても、食べられることをほめるようなかかわりをしたいものです。

スプーンや箸の
練習はあせらずに

スプーンや箸を持たせるタイミングは、子どもの手指の発達に合わせるのがポイント。目安はお絵かきです。クレヨンなどで丸を描けたらスプーンを使って食べられるころ、クレヨンなどを鉛筆を持つように握って、いろいろな形を描けたら箸を持てるころです。丸めた粘土を箸でつかむなどで、楽しく遊びながら慣れていくのもおすすめです。

幼児期からの肥満は
将来の生活習慣病に!?

幼児期になると、甘いものや揚げ物なども食べられるようになりますが、食べすぎには注意が必要です。幼児期の肥満は、将来の生活習慣病につながる可能性があるからです。1才6ヵ月児健診と3才児健診でBMI（カウプ指数）を測っていたら比べてみましょう。普通は3才のほうがBMIが低くなります。高い場合は食事の内容を見直すとともに、きちんとかんで食べているかもチェックしてください。

もぐもぐ

幼児食に必要な栄養

幼児食では、どんなものをどの程度食べさせたらよいのでしょうか？
栄養バランスのとり方についても確認しておきましょう。

幼児期の食事の基本

基本、1日3食 ＋補食（おやつ）1〜2回

幼児食になると、栄養のほぼ100％を食事からとります。また体の発達が目覚ましく、活動量も増えるため、多くの栄養が必要になります。しかし、まだ1回にたくさんの量は食べられないですし、消化吸収能力が未熟です。そこで、1才半〜2才（幼児食前期）は、1日の食事を3食＋補食（おやつ）2回、3才〜5才（幼児食後期）は、1日3食＋補食（おやつ）1回にするのが基本です。

1日の食事量は 昼食と夕食を同じくらいに

1日の食事量は、朝食はやや少なめ、昼食と夕食が同じくらい、補食（おやつ）は、食事の半分くらいが目安です。補食は、3回の食事でとり切れない栄養を補うためのものですが、食事量が少ないからと、補食の量を多くすると、食事のメリハリがつかなくなってしまいます。もし食事をとる量が少なければ、ごはんやおかずを補食で出してもいいですが、食事とは差をつけるようにします。たとえばおかずを混ぜ込んでおにぎりにするなどはおすすめです。

1〜2才は3食＋おやつ2回
3〜5才は3食＋おやつ1回

おやつが2回のときは、$\frac{1}{2}$ずつ！

1日の食事量の配分目安

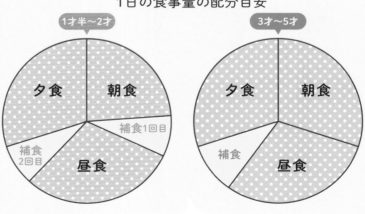

円グラフは食事の配分目安です。3才〜5才は午前中に補食をとらないので、朝昼夕の食事量を同じくらいにすることが望ましいですが、朝食がやや少なめでもかまいません。

栄養バランスの整え方

「一汁二菜」が基本
量は主食＞副菜＞主菜

　栄養バランスのよい献立は、主食+主菜+副菜+汁物がそろった「一汁二菜」です。それぞれの量の割合は、主食が一番多く、次に副菜、主菜と考えるとよいでしょう。

　幼児食前期（1才半〜2才）と後期（3才〜5才）では、やや量が異なります（下記「1食分の量の目安」参照）。数値はあくまでも目安なので、子どもの様子を見ながら加減してかまいません。

カルシウムと鉄は
大人に近い量が必要

　幼児食では、必要なエネルギー量は成人女性の半分程度です。しかし、カルシウムと鉄は、大人に近い量をとることが推奨されています（下記「幼児食で必要な栄養」参照）。おやつでも栄養になるものを食べ、効率よく栄養をとることが大切なことから、食事の栄養を補うための食事「補食」といわれます。補食には、カルシウムや鉄を含む野菜や乳製品を使ったメニューを積極的に取り入れましょう。

幼児食で必要な栄養

日本人の食事摂取基準（2020年度）より

	1〜2才代		3〜5才代		30〜49才	
	男	女	男	女	男	女
推定エネルギー必要量（kcal／日）	950	900	1300	1250	2700	2050
たんぱく質（g／日）	20	20	25	25	65	50
カルシウム（mg／日）	450	400	600	550	750	650
鉄（mg／日）	4.5	4.5	5.5	5.5	7.5	10.5

（エネルギー必要量以外は推奨量）

栄養バランスの
簡単な整え方のコツ3

　食事バランスは、1週間の間で「なんとなく」調整しましょう。ポイントは❶ごはんとおかずのバランスはだいたい同じ（ごはん：おかず＝1：1〜1.5）❷主菜1食分のたんぱく質は、子どもの手の握りこぶし1つと同じくらい（例：納豆1パック、卵1個、肉や魚各50gなど）❸野菜がたりないと思ったら汁物に入れたり、煮込んだり、卵焼きに入れるなどして取り入れる、の3つ。付録の栄養バランスチェック表に食べたものを記入して、栄養バランスが整っているかを確認しつつ、進めるのもおすすめです。

1食分の量の目安

	食材	幼児食前期（1才半〜2才）	幼児食後期（3才〜5才）
主食	炭水化物食材	ごはんなら80〜100g	ごはんなら100〜130g
主菜	たんぱく質食材	肉・魚・卵・大豆製品から、いずれかまたは組み合わせて計30〜50g※	肉・魚・卵・大豆製品から、いずれかまたは組み合わせて計40〜60g※
副菜	ビタミン・ミネラル食材	野菜類+いも類+海藻類で計60〜80g	野菜類+いも類+海藻類で計70〜90g

　上記の量を目安に1日に朝食、昼食、夕食の3回でとり、他に補食として牛乳200mlくらい、果物50〜100gを1〜2回でとれるとよいでしょう。

※豆腐は肉や魚とたんぱく質量が異なるため、重量の約30％で換算します（豆腐100gは肉30gと同じくらいです）。

幼児期のかむ力の発達

かむ力は、乳歯の生え具合だけでなくかむ回数によっても違ってきます。
楽しく食べられるように、発達を見守りながらチャレンジしていきましょう。

幼児期のかむ力の発達

かむ力が強くなるのは奥歯がそろう2才半ごろ

乳歯の生え具合は個人差がとても大きいですが、一般的に2才半ぐらいになると、奥歯がそろって乳歯が20本全部生えそろいます。そこから上下の歯のかみ合わせが整うまでに半年ほどかかりますが、安定すると乳歯全体でしっかりかめるようになり、かむ力が強くなります。そこが幼児食後期に移行する目安である3才ごろということになります。

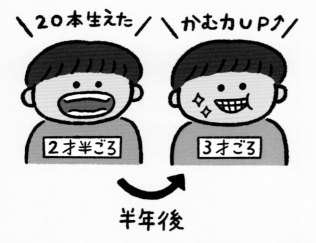

最初の奥歯（第一乳臼歯）が生えてくるのは、1才半ごろ。その後、2才すぎに第二乳臼歯が生え、2才半ごろに乳歯20本全部が生えそろいます。歯の生え具合は個人差が大きいので、心配しなくて大丈夫。しっかり落ち着いて食べられているかをみてあげましょう。

かむ回数が増えることでかむ力が増す

1〜2才代と3〜5才代では、乳歯の生え具合の違いによりかむ力が違いますが、それ以上に違うのは、かむ回数です。1〜2才代は、食卓に落ち着いて座っていられる時間が短いので、かむ回数が少なめです。3〜5才代になると集中力がつき、落ち着いて食べ、かむ回数が増えてかたいものがかめるようになります。

年齢別　歯とそしゃく力の様子

年齢	歯の様子	そしゃく力
1〜2才代	1才6ヵ月ごろに第一乳臼歯が生えそろう	しっかりかみつぶせないので、肉だんごくらいのかたさが目安
2〜3才代	2才6ヵ月ごろに第二乳臼歯が生えそろい、乳歯が合計20本になる	奥歯でかみつぶせるが、何度もあごを上下させてかみ砕くことは難しい。炒めキャベツくらいのかたさが目安
3〜5才代	20本の乳歯が生えそろい、6ヵ月〜1年かけてかみ合わせが整っていく	食べられるものが増えるが、大人と同じそしゃく力ではない。大人より少しやわらかくする必要がある

かむ力に合わせた食べさせ方

食事のすべてがかむ力に合ったかたさでは、かむ力が育ちません。
いくつかはかむ力を促すよう、少しかみごたえのあるものにしていきましょう。

1才半〜2才 ## 奥歯の生え具合で かたさや大きさを調整

前歯8本がそろい、奥歯が生えると、食べ物を歯ですりつぶせるようになります。すりつぶす程度は、奥歯の成長によって異なるため、奥歯の生え具合に合わせて少しずつかみごたえのあるものを食べさせます。繊維の多い食材はかみ切りにくいので、繊維を断つように小さく切ったり、少しやわらかめに調理します。

3才〜5才 ## かむ力が強くなる時期 食感を楽しませよう

かむ力が強くなるので、いろいろな食感の食材を使ってかむことを楽しめるようにします。一方、飲み込む力も強くなるので、よくかまずに飲み込んでしまう子も出てきます。よくかまないと飲み込めないかたさに調理したり、かむほどに味が出てくるものを食べさせて、よくかんで食べることを習慣づけましょう。

幼児食時期別のかむ様子

幼児食前期（1才6ヵ月〜2才）と後期（3才〜5才）の、かむ力にどの程度違いがあるのかは、
大人の指で確認することができます。「このかたさはかめるかな？」と心配なときは、この方法で試してみましょう。

確認のしかた
親指と人差し指を 歯に見立てます

指の腹を歯ぐき、爪を歯に見立てて食材を挟みます。奥歯が生えている場合は爪を立て、生えていない場合は、指の腹で押さえます。

野菜の場合

肉の場合

野菜

前期  → 後期

幼児食前期（1〜2才代） は5回程度

1才半〜2才は、食事に集中できる時間が短いので、一度にかめる回数は数回。指で5回程度食材をつぶした状態が前期の子のかんだ様子。

幼児食後期（3才〜5才） は20回程度

3才〜5才代になると集中力がつくので、かむ回数が増えます。20回程度食材をつぶした状態が、後期の子のかんだ様子です。

肉

前期  → 後期

1才半〜2才では かみつぶしにくい

かむ回数が少ない幼児食前期（1才半〜2才）では、まだ肉はかみつぶしにくい様子がわかります。奥歯が生えていないとなおさらです。

3才〜5才なら かみちぎれる

幼児食後期（3才〜5才）になると、奥歯が生えそろってかむ回数も多くなるので、しっかりかみちぎれている様子がわかります。

幼児食作りの基本

大人に近いものが食べられるようになりますが、かたさや形状などでまだ気をつけたいこともあります。
幼児食を作るうえで、知っておきたい基本を紹介します。

基本的な考え方

薄味を意識し、幼児食と大人用の味つけは同じに

幼児食の1日の塩分の目安は、1才半～2才は3.0g未満、3才～5才は3.5g、成人女性の約半分です。しかし、幼児の食べる量も大人の約半分。つまり、大人も子どもも基本的には同じ味つけでよいのです。ただし、大人の食事の味つけが濃いと、子どもが濃い味に慣れてしまい、さらに濃い味を求めるようになる心配があります。家族全員で薄味を心がけましょう。

いろいろな食材を経験させ少しずつかむ力をつける

しっかりかめると思っても、食感によって違いがあるものです。いろいろな食材を試してみましょう。食べやすいかたさにすることは大切ですが、時には、少しかたいものにも挑戦させます。「食べにくかったら口から出していいよ」と声かけし、かめないときは口から出すことも覚えさせましょう。大人も同じものを食べ、食べ方を見せるのも大切です。

かむ力に合わせた調理の工夫

成長とともにかめる状態も育っていきます。変化に合わせた調理の工夫を紹介します。

かむ力	調理の工夫

かむ力

1才代 歯ぐきでつぶす ---→

第一乳臼歯（P10）が生えそろわない1才代後半ごろは、食材は奥の歯ぐきでつぶして食べます。まだしっかりかみつぶすことができません。

2才代 かみつぶす ---→

第二乳臼歯（P10）が生えてくる2才代は、奥歯で食材をかみつぶせるようになります。しかし、何度もあごを上下させて、かみ砕くのはまだ難しい時期です。

3～5才 すりつぶす ---→

乳歯20本が生えそろい、かみ合わせが整ってくる3才代以降では、食材をかみ砕きすりつぶして食べられます。しかし、かむ力は大人と同じではありません。

調理の工夫

肉だんごくらいのかたさ

食材は、肉だんごくらいのかたさが目安。肉だんごよりもかたい食材は、加熱してやわらかくするか、薄く小さく切ります。

炒めたキャベツくらいのかたさ

炒めたキャベツや炒めた薄切りにんじんくらいのかたさが目安。繊維の多い食材はまだかみ切りにくいので、繊維を断つように小さく切ります。

大人よりほんの少しやわらかめ

大人より少しだけやわらかくするのが目安。かみごたえのある食材を使い、かみごたえを残す調理法にします。丸のみしやすい大きさのものは、切り分けます。

食べにくい食材の調理のしかた

ちょっとした工夫で食べやすくなる

幼児が食べにくい食材は、そのままの形で食べると、誤えんを起こす心配があったり、好き嫌いにつながったりすることがあります。

ぺらぺらしたものや、口の中でまとまりにくいものは、かたくり粉などでとろみをつけると食べやすくなります。皮が口に残るものは皮を取り除き、かたすぎるものは、小さく薄く切るか、すりつぶして使います。唾液を吸うものは、水分をたすか、水分を飲ませながら食べさせましょう。

幼児期に食べにくい食材
▼

ぺらぺらしたもの……	レタス、わかめなど
口の中でまとまらないもの……	ブロッコリー、ひき肉など
かたすぎるもの……	えび、いかなど
弾力のあるもの……	きのこ、かまぼこなど
皮が口に残るもの……	トマト、豆など
パサパサしたもの……	ゆで卵、パン、魚など

食べやすくなる！おすすめ調理法

ぺらぺらしたもの
マヨネーズとポテトでしっとりさせる

レタスを使ったポテトサラダ。じゃがいものでんぷんとマヨネーズでしっとりさせると、口の中でまとまりやすく食べやすくなります。

後期2週目 **レタスとしめじのサラダ**
（P115）

弾力があるもの
豆腐を混ぜてハンバーグに

えびは、包丁でたたいてこまかくし、豆腐と混ぜてハンバーグに。豆腐入りなので焼いてもかたくなりすぎず、食べやすくなります。

後期4週目 **照り焼きえびバーグ**
（P129）

口の中でまとまりにくいもの
とろみのあるポタージュに入れる

口の中でまとまりにくいブロッコリーは、じゃがいもも入ったポタージュに。じゃがいものとろみと水分で、食べやすくなります。

前期4週目 **ブロッコリーポタージュ**
（P53）

パサパサしたもの
素揚げしてたれに浸してしっとりさせる

パサパサしやすい魚は、素揚げしたものをたれに浸してしっとりと。かみごたえがありますがパサパサしないので食べやすくなります。

後期1週目 **あじの南蛮漬け**
（P106）

フリージングの基本

食材や調理品をフリージングし、おいしく食べるためには、フリージングのしかたや解凍のしかたで気をつけたいことがあります。基本をまとめて紹介します。

フリージング保存のしかた

食材を劣化させにくく、おいしくフリージング保存をするためのポイントを紹介します。

基本は1食分ずつ保存

使う分だけ解凍できるよう1食分に分け、食材の形状に合わせて、ラップに包んだり冷凍用保存袋に入れて保存します。調理の手間を省くだけでなく、食材の劣化防止や衛生面からも大切です。

冷凍した日を記しておく

冷凍保存しても品質や味は時間がたつとともに落ちていきます。1〜2週間を目安にできるだけ早めに使い切れるよう、冷凍した日づけをわかりやすく記しておきましょう。

バットなどを使い冷凍速度をアップ

早く凍らせると、味や食感を劣化させにくくなります。調理後、粗熱をとってから冷凍用保存袋などに詰め、熱伝導率の高いアルミ製のバットなどに置くなどして冷凍速度を早めます。

なるべく空気に触れさせない

食材は空気に触れると乾燥し酸化が進みます。ラップに包むときはしっかり密着させて包み、冷凍用保存袋に入れましょう。保存袋に直接入れるときは平たくして、空気を抜きます。

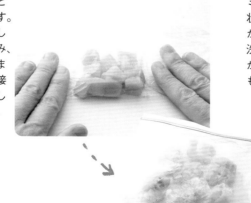

ミニトマトはそのまま冷凍

ミニトマトは冷凍した状態で水につけると皮がむきやすくなるので、洗ったらそのまま冷凍が便利。ヘタは取っても取らなくてもOK。

フリージング保存の お約束

冷凍中は細菌の繁殖が止まりますが、解凍すると細菌が繁殖し始めます。解凍する際は、使う分だけにしておき、すぐに調理して早めに食べましょう。

- 購入後なるべく早めに調理する
- 調理道具や保存容器は清潔に
- 食材は冷ましてから容器に詰める
- 1〜2週間を目安に使い切り、再冷凍はNG

原則、加熱解凍で！

解凍のしかた

パンなど生で食べられるもの以外は、原則加熱解凍。中までしっかり加熱しましょう。

コンロでの解凍

弱火でじっくり 中まで火を通して

鍋やフライパンで解凍するときは、電子レンジで半解凍してから火にかけるか、弱火でじっくり加熱して中まで火を通しましょう。

電子レンジ解凍

ふんわりラップを かけて加熱する

膨張した空気を逃がせるよう、ラップはふんわりとかけるのがポイント。揚げ物などカラッと仕上げたいときは、かけずに加熱します。

冷凍用グッズの選び方

ラップに包んでから、冷凍用保存袋へ。液体や汁けの多いものは保存容器がおすすめです。

保存袋は冷凍と加熱が できるものを選ぶ

保存袋は、1食分に適したサイズで、冷凍だけでなく、電子レンジ加熱が可能なものが便利です。ラップや冷凍用保存袋は、密着度、密封性の高いものを選びましょう。

衛生面に気をつけよう

食中毒を起こす菌やウイルスは身近に潜んでいます。
調理のときは、衛生面に十分気をつけましょう。

調理の前のお約束

基本的なことですが、忙しいときは忘れてしまいがちです。ぜひ習慣づけておきましょう。

調理前や調理中にはよく手を洗う

食材や食器に触る前、生肉、魚介類、卵に触ったあと、料理の途中でゴミ箱に触ったり、子どものおむつを交換したり、ペットに触れたあとも忘れずに手洗いをします。

調理道具やふきんなどはこまめに洗う

包丁やまな板などの調理器具、スポンジ、ふきんなどは洗剤できれいに洗って、よく乾かしたものを使います。容器などをアルコール消毒液で消毒した際も、よく乾かしてから使います。

「食中毒」に注意

多発する梅雨時はもちろん、冬でも要注意

食中毒は、ウイルスや細菌、有毒な物質などが体に入ることで腹痛、嘔吐、下痢、発熱などが起こる病気です。食中毒を起こす細菌は、湿気が多く暖かい時期に繁殖しやすいため、食中毒は、梅雨時から夏に多いと思いがちです。しかしウイルスは低温で乾燥する時期を好むため、冬でも注意が必要です。

「つけない」「ふやさない」「やっつける」が予防3原則

食中毒の予防は、ウイルスや細菌などを「つけない」、ついても「ふやさない」、ついたものは「やっつける」の3原則が基本。多くのウイルスや細菌は、食材を低温で管理し、十分に加熱すると死滅します。子どもが食べるものは特に、新鮮なものを使い、中までしっかり加熱することが大切です。

── こんな食中毒も！ ──

鮮度のよくない魚でじんましんなどが起こります

まぐろ、ぶり、さんま、いわしなどの魚の鮮度がよくないと、ヒスタミンという成分が高濃度に蓄積し、じんましんやかゆみなど、食物アレルギーのような症状を起こします。これを「ヒスタミン食中毒」といいます。ヒスタミンは加熱しても無毒化できません。魚は特に購入後すぐに冷蔵庫に入れ、早めに調理しましょう。

食中毒予防の３原則

つけない

野菜は流水で
しっかり洗う

生で食べる野菜は流水で30秒以上洗って、水をきります。野菜やおにぎりなど、加熱せずに食べるものの調理は、特に調理する人の手指、包丁、まな板などをきれいにしておきましょう。

指に傷があるときは
手袋を着用する

食中毒の原因菌の１つ、黄色ブドウ球菌は、健康な人の皮膚にもいます。傷がある場所には通常よりも多くいることが多く、食中毒を起こしやすくなります。必ず調理用手袋をつけましょう。

食材の保存には
ラップなどを利用

食品の保存には、他の食品についた病原体が付着しないよう、清潔な密封容器に入れたり、ラップをかけたりします。保存するものは口をつける前に、清潔な箸などで取り分けましょう。

ふやさない

新鮮な食材を買い
すぐに冷蔵保存

生鮮食品や総菜などは、新鮮なものを買い、すぐ冷蔵庫で保管します。常温保存できる食品も、高温多湿な場所、直射日光の当たる場所での保存はNG。開封後は早めに使い切りましょう。

保存した料理は
なるべく早く食べ切る

加熱調理して細菌を死滅させても、その後ついてふえる可能性もあります。保存したいものは、早めに冷蔵、冷凍します。冷蔵・冷凍したものでも、なるべく早く食べ切る習慣をつけましょう。

冷蔵庫を過信せず
古いものは捨てる

食中毒を起こす細菌の多くは、マイナス15度以下では菌の増殖が止まりますが、10度以下（冷蔵室の温度）では増殖し続けます。冷蔵庫を過信せず、においや味がおかしいものは捨てましょう。

やっつける

魚、肉、卵の
生食は控える

魚、肉、卵の生食は、大人でも食中毒の心配があります。そしゃく力、食材の鮮度、体調などさまざまな要因があり何才まで生食NGと言い切れませんが、幼児期は控えたほうが安心です。

レンジ調理は
加熱むらに注意

電子レンジ加熱は、マイクロ波の当たり具合にばらつきが起きやすく、庫内の場所によって加熱むらが起こりがちです。量が多いものは途中でかき混ぜて、中の様子を確かめましょう。

肉、魚、卵は
中心まで加熱する

食中毒を起こす菌の多くは、加熱で死滅します。特に菌が繁殖しやすい肉、魚、卵は中心まで火を通します。中心部を75度で１分以上加熱するのが目安。低温調理や保温調理は特に注意！

誤えんと窒息について

乳児のかむ力は未熟なため、丸くてかたいものやかみにくいものなどを丸のみして、のどや気管に詰まらせることがあります。要注意食材と食べさせ方を知ることは非常に重要です。

ＮＧ食材と要注意食材

幼児期の
ＮＧ食材・要注意食材

ミニトマト、ぶどう、豆類など球形の食材は、つるっとしてそのまま飲み込みやすい食材。もちや白玉など粘着性が強い食材や、かたくてかみ切れない食材も幼児期は食べさせてはいけません。弾力があるものや繊維がかたいものは、細かく切ります。ゆで卵やひき肉そぼろなど飲み込みにくい食材は、とろみをつけたり、ほかの食材と混ぜたりしましょう。

大人の指（親指と人差し指）で作った輪は、子どもの口の大きさと同じくらいです。輪をくぐり抜けるかたい食材は、誤えんや窒息の原因になる心配があります。

ＮＧ食材、要注意食材の
見分け方

手を合わせ、指の第2関節あたりに食材を挟み、軽い力でつぶします。つぶれないものは子どものどでもつぶれず、窒息を起こす心配がある食材。おにぎりはややつぶれるので△、ミニトマトはつぶれないので×です。

窒息を防ごう

食べさせる際の姿勢や
環境にも気をつける

あおむけに寝た状態や、歩き食べ、遊び食べは、誤えんのリスクが高まります。椅子にきちんと座り、上体を起こした姿勢で食べることを習慣づけましょう。食べ物を口に入れたまましゃべったり、テレビを見ながら食べると、うわの空で飲み込んで誤えんを起こす危険があります。大人は、食事中に子どもが驚くようなことはしないように注意してください。

のどに詰まったときの吐かせ方

子どもをうつぶせにして、ひざで子どものみぞおちを圧迫するようにします。気道をふさがないようにあごを支え、のどをまっすぐにして、背中のまん中を手のひらのつけ根で何度も連続してたたきます。

食物アレルギーについて

食物アレルギーは幼児食の時期に初めて発症する可能性があります。
どのようなものに注意したらよいか、知っておくと安心です。

幼児食期の食物アレルギー

ナッツや魚卵が原因の食物アレルギーが増加

食物アレルギーとは、免疫反応を調整する機能が過敏に反応して、食べ物を「異物」と判断して起こる症状です。食物アレルギーの原因食材として、鶏卵、牛乳、木の実（ナッツ）類、魚卵、ピーナッツが多いというデータがあります（令和3年度「即時型食物アレルギーによる健康被害に関する全国実態調査」）。初めて食べさせる際は、少量からにすると安心です。

特に注意したい食材は、ナッツ類、イクラ、卵料理

木の実（ナッツ）類、ピーナッツはさまざまな食品で使われています。市販品は、必ず原材料を確認しましょう。魚卵類では、イクラで発症している例が多くみられます。初めて食べさせるときは少量からにしましょう。卵類で多いのは、卵とじや茶碗蒸し。時間をかけて十分加熱して食べさせましょう。マヨネーズも最初の一口は注意が必要です。

食物アレルギーで大事なこと

1 食べる時期を遅らせない

「心配だから食べる時期を遅らせる」ということに、予防効果はありません。初めての食材は、家族で食べる機会があるときに、少量から食べさせてみましょう。必要以上に避けないようにしましょう。

2 初めての食材は少量に

食物アレルギーは、いつどのような食べ物で症状が出るかはわかりません。ナッツ類、鶏卵、ピーナッツなどを初めて食べさせるときは、かかりつけの病院を受診できる時間帯に、少量から試してみるのが安心です。

3 肌のケアをしっかり

皮膚トラブルがあったり、皮膚がカサカサしていると、皮膚からアレルギーの原因物質が侵入し、食物アレルギーを起こしやすくなります。汗をかいたらこまめにふき取り、肌を清潔に保って、保湿を心がけましょう。

4 心配なときは医師に相談

食物アレルギーは、皮膚症状だけでなく、下痢や嘔吐、口腔内の異常（イガイガなど）が出る場合もあります。幼児期では、呼吸器症状が出ることもあるので、自己判断せず、かかりつけ医やアレルギー専門医に相談しましょう。

幼児期の「好き嫌い」対策

幼児期は好みがはっきりしてきて、自己主張も強くなるので、食べ物の好き嫌いが増えます。
好き嫌いをする理由や対処のしかたを知っておき、おおらかな気持ちで見守りましょう。

幼児期の好き嫌いの理由

幼児期の好き嫌いの理由は大きく分けて3種類

幼児期の好き嫌いには、主な理由が3つあります。成長するにつれ食の経験が広がり、味覚が発達すると少しずつ食べられるものが増えていくことが多いものです。気にしすぎないようにしましょう。

1 新奇性恐怖

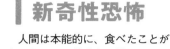

人間は本能的に、食べたことがないものには警戒心を持つといわれます。そのため、初めて見る食べ物に拒否反応を示し、食べようとしないというのが、新奇性恐怖による好き嫌い。いわゆる「食わず嫌い」です。

2 食物嗜好学習

味が気に入った、食感が楽しかったなどのよい経験をしたことで、好んで食べすぎること。また、これまでの経験から「食べても安心」ということがわかっているので、そればかり食べようとします。いわゆる「ばっかり食べ」です。

3 食物嫌悪学習

食べたあとに気持ち悪くなった、おなかをこわした、食べているときに怒られたなど、不快なできごとがあり、その食べ物を見るとそのことを思い出し、以降は食べられなくなるというのが、食物嫌悪学習による好き嫌いです。

好き嫌い対策の基本

楽しい食卓を心がけ味覚の発達を待つ

子どもの好みはすぐに変わります。味覚が発達したり、周囲が食べている様子に興味を持ったりして、食べられることが多々あります。好き嫌いにはこだわらず、心地よい食環境をつくりましょう。家族そろって楽しく食べることで、子どもの食への興味や意欲が高まり、少しずつ食べられるものが増えていきます。

無理強いと決めつけはやめる

小さいころに無理強いされた食材は、大人になっても苦手なことが多いといわれます。好き嫌いがあってもいいとおおらかに考えましょう。食べなければ、同じ栄養価のある違う食材に置き換えればOK。ただし、嫌いと決めつけないことは大事。ときどき食卓に並べたり、調理法を変えて出してみましょう。

ケース別
「食事の困りごと」対策法

嫌いなもの別の好き嫌いの対策法、小食や食べむら、食べすぎなど、
食事の困りごと別の対策法を具体的に紹介します。

野菜嫌い

対策 1
しっかり加熱して
やわらかくする

かたくてかみにくいのも、野菜を嫌いになる原因の1つ。野菜は長く加熱するとやわらかくなるので、煮込み料理はおすすめ。根菜類は、繊維が多くかたいので、小さめに切ります。冷凍すると繊維が壊れて食材がやわらかくなるので、フリージングもおすすめです。

対策 2
苦手野菜は
味つけで目立たなくする

幼児期は薄味が基本ですが、素材の味が際立つ味つけだと、苦手な食材をいつまでも食べられないことがあります。野菜嫌いの子は、野菜の苦みや酸味が苦手なことが多いので、カレー風味、マヨネーズ味、トマト味、チーズ味など、しっかりした味で調理してみましょう。

\トマト味/　　\クリーム味/

肉・魚嫌い

対策 1
調味料や香味野菜で
肉のにおいを抑える

肉は、食感やにおい、かみにくさが嫌いなケースが多いようです。におい対策は、調味料に漬け込んだり、ねぎやしょうがなどの香味野菜と一緒に調理。食感やかたさは、ひき肉を使ったり小さく切りましょう。豆腐を加えてだんごにしたり、かたくり粉などでとろみをつけても。

対策 2
魚はフライにして
スナック風メニューに

魚は、パサパサした食感とくさみが嫌がる原因のことが多いようです。新鮮なものを選び、くさみを防ぎましょう。パサパサを防ぐには、クリーム煮にしたり、かたくり粉やパン粉などをつけてフライにするのが効果的。スティック状に切って揚げると、スナック感覚で食べられます。

‖ 小食・むら食い ‖

対策 1
まずは飲み物や
お菓子を見直す

　小食・食べむらの理由はさまざまですが、まずは飲み物やお菓子を見直しましょう。牛乳やジュースなどでエネルギー（カロリー）をとっていることがあります。牛乳はカルシウムやたんぱく質源として大切ですが、飲みすぎは禁物。1日に200ml程度にしておきましょう。

対策 2
たんぱく質と野菜を
優先的に食べさせる

　幼児の食欲むらは、普通のこと。食べないときは、「少しだけ食べたらおしまいにしよう」と伝えて、最低限食べさせたいたんぱく質と野菜を優先的に食べさせます。ごはんなどの炭水化物は、補食（おやつ）で食べさせるのも手です。

対策 3
食事代わりのお菓子と
無理強いはやめる

　食事の代わりにお菓子を食べさせることと、無理に食べさせることは、小食やむら食いの原因になります。家族一緒に食卓を囲み、大人がおいしそうに食べる様子を見せて、食べたくなる雰囲気をつくりましょう。

‖ 食べすぎ・肥満 ‖

対策 1
まずは発育の様子を
正確に確認する

　まず、母子健康手帳の「乳幼児身体発育曲線」で、発育が曲線に沿っているか確認しましょう。子どもは1才ごろまでは、体に脂肪がつきやすいですが、2才〜3才には減ってきて、6才ごろには最も少なくなります。BMI※が1才半より3才のほうが高ければ、かかりつけ医に相談しましょう。

対策 2
食べすぎるときは
気分転換も取り入れる

　幼児の「食べたい」欲求には、「楽しいことがしたい」「かまってほしい」という要望が隠れていることがあります。ママやパパが一緒に遊んだり、外に出るだけで気分が変わることもあるので、家族一緒に体を動かしてみてもいいですね。

対策 3
よくかんで食べられる
食材を使ってみる

　食べすぎる子は、よくかんでいないことが多いものです。おやつは、干しいもなどしっかりかめるものを取り入れましょう。食事でも、野菜や乾物などかみごたえのある食材を使い、ときどき「よくかんで食べよう」と促すとよいですね。

※乳幼児期（生後3ヵ月以上）のBMIは、体重（kg）÷身長（m）² の計算式で出すことができます。

食事グッズの選び方

幼児食の時期は、スプーンやフォーク、箸などが使えるようになっていくときです。
子どもが使いやすい食事グッズを用意して、自分で食べる楽しさを味わわせてあげましょう。

使いやすい食事グッズの選び方

スプーンやフォークはシンプルで持ちやすいもの

スプーンやフォークは、変わった形ではなく、ごくシンプルな形の子ども用のものがよいでしょう。柄は太めでやわらかいほうが、子どもが持ちやすいのでおすすめです。フォークは、先がとがっていないもののほうが安心です。

フツウの子ども用箸でOK

箸は補助具のない子ども用の箸でOK

箸の練習はあまり早くから行う必要はありません。3才以降、手指のこまやかさが発達してから始めるのがよいでしょう。その時期なら、補助具のない普通の子ども用箸が使えます。3才〜5才なら、15〜16cmサイズが一般的です。

取り皿は縁が直角に立ったものが使いやすい

取り皿の縁が立ち上がっていると、縁で食材を止められるので、子どもがスプーンですくいやすくなります。またある程度の重さがあり、底がぴったりテーブル面につくと、動きにくく安定感があり、使いやすいでしょう。

この本の使い方

本書は、1才6ヵ月～5才までの幼児食期にずっと使えるように作られています。
本書を活用するための使い方と調理などに関する決まりについて解説します。

1週間のメニューを
まねして
くり返し作ってみよう

本書では1週間分の夕食を、冷凍ストックを使って作ります。休日の時間のあるときに冷凍ストックを作りおきし、夕食前に冷凍ストックを加熱して調理します。用意する食材や組み合わせ方は、レシピどおりに行ってみましょう。

冷凍ストック以外の
食材も確認

献立を作る際に必要な、冷凍ストック以外に使う食材を確認する表がついています。多くが家によくある食材ですが、買いたしが必要かどうかの確認をするのに便利です。

前期は基本の6週分×3回くり返せば18週分（1才半～2才）を網羅。後期は基本の4週分（1ヵ月単位）をくり返し、「1品メニュー」（P130～）などを使ってアレンジしながら進めましょう。

1週間ごとに
6種のストックを作る

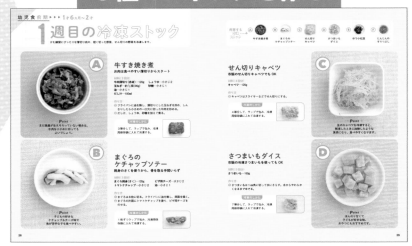

1週間献立は、各週とも6種類の冷凍ストックを作って活用します。冷凍ストックには、単品でもおかずになるようなレシピもあります。多めに作れば、大人の食事にも使えます。

献立は、前期は6週分
後期は4週分を紹介

ほかにも
使えるレシピがいろいろ！

基本の1週間の献立ページ以外にも、おかずレシピや、
汁物、朝食やおやつ向けのレシピなど、毎日使えるレシピがいっぱいです！

献立のアレンジや昼食などに！

フリージング 1品メニュー

肉や魚のおかず、副菜用の野菜のおかず、炊き込みごはんなどの主食メニュー、1皿で1食分の栄養がとれるワンプレートメニューなど、献立のアレンジに使えるメニューが満載です。

汁物がすぐにできる

スープ玉レシピ

「スープ玉」を冷凍して、熱湯や温めた牛乳をそそぐだけで汁物が作れる、とっても便利なメニューを紹介。汁物だけでなく、調味料的にも使えるので、とても重宝します。

冷凍ストックを使った

朝ごはんレシピ

冷凍ストックを1品作っておくと、2通りの朝食が作れる、アイデア朝ごはんレシピ。3パターンを紹介するとともに、朝ごはんの食べ方についても解説しています。

本書の決まり

● 本書は「日本人の食事摂取基準2020年版」「幼児肥満ガイド」「日本人のための食事バランスガイド」などを参考に制作しています。
● 幼児食の量はあくまでも目安です。子どもの食欲には個人差があります。個々の発達に合わせて進めましょう。
● レシピは食物アレルギーと診断されていない子どもを対象にしています。アレルギーがある場合、成長に不安がある場合は医師に相談しましょう。
● 大さじ1は15mℓ、小さじ1は5mℓです。
● 調理時間は目安です。調理の参考にしてください。
● だし汁などの水分量は、火加減や加熱時間、食材の状態によって異なります。様子を見ながら調整してください。

● 材料のグラム数は正味、卵や野菜などの分量は中玉、Mサイズを想定した目安量です。また、材料は基本的な下ごしらえが済んだ状態を想定しています。
● 材料は特記のないものについては、次のとおりです。塩は精製塩、砂糖は上白糖、小麦粉は薄力粉、しょうゆは濃口しょうゆです。油、みそ、だし汁も特記がなければ好みのものでかまいません。
● フライパンはフッ素樹脂加工のものを想定しています。
● 電子レンジを使用する際は、基本ふんわりとラップをして加熱します。加熱時間は600Wの場合の目安です。500Wの場合は、時間を1.2倍にしてください。電子レンジは機種により加熱時間が異なります。様子を見ながら調整してください。

幼児食前期 1才6ヵ月〜2才

幼児食に移行してから1年半の子どもの食べる力や量、食材の様子について解説します。

どんな時期？

栄養のほとんどを食事からとる

幼児食の時期になると、栄養のほとんどを食事からとるようになります。母乳・育児用ミルクは無理にやめる必要はありませんが、主な栄養源にしないことが大切です。母乳・ミルク代わりに牛乳を1日に500ml以上飲ませるのも避けます。毎日の食事をしっかり食べさせていきましょう。

好きなものがわかり好き嫌いが増える

自分の好きなものがわかるようになり、苦手なものは断固拒否するようになります。「体にいいから」などと言い聞かせても、まだ理解できません。しばらくは無理に食べさせなくてもよいと考えましょう。ほうれん草が嫌いなら、トマトに替えるなど、同じ食品群の食材で代用しながら、心身が発達し、食べられるようになるまで様子を見ましょう。

かむ力はどのくらい？

まだしっかりかみつぶせない

奥歯が生えそろうのは、2才半ごろ。それまでは、かみつぶすことにチャレンジする期間です。何度もあごを上下させるのは難しいため、1才代では肉だんごくらい、2才代でも炒めたキャベツくらいのかたさのものを目安にしましょう。

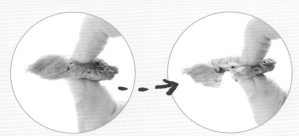

やや厚みのある豚肉を食べさせたときの様子を指で再現すると…。

しっかりかみつぶせないので、しっかりかみ切れない様子がわかります。

食べ方とサポートのしかたは？

手づかみから徐々にスプーン・フォークへ

1才代では、手づかみ食べが中心です。スプーンが使えるようになるのは、クレヨンを持って丸を描けるのが1つの目安。スプーンやフォークに興味を示したら持たせて、すくいやすく、刺しやすいメニューを用意。大人が食材をスプーンにのせたり、刺して渡すなどしつつ、自由に使わせてみましょう。

1日の食事量の目安

エネルギー量は
900〜950kcalが目安

1才半〜2才の1日に必要なエネルギー量は、900〜950kcal。それを食材の量で表したのが右の目安量です。ただし、食事量は体格や運動量により差が大きいので、子どもが食べられる量を大切にしましょう。食事の量のバランスは、主食＞副菜＞主菜の順と考えるとよいでしょう。

1回分の量の目安

主食、主菜、副菜が
小鉢1個ずつくらい

1回分の量の目安は、主食（ごはんなど）が80〜100g、肉・魚などがメインの主菜は30〜50g、野菜類が中心の副菜は70gくらい。それぞれ小鉢※1皿分ずつが目安と考えるとよいでしょう。野菜類は、主菜に使っても、汁物の具にしてもよいでしょう。

※小鉢とは直径9〜12cmの器のこと。

幼児食前期（1才半〜2才）　1日の食事量の目安

	主な食材	1日の目安量	
主食	ごはん、麺、パンなど	240〜300g	ごはんなら1食80〜100g、パンやうどんなら1食70〜80g
主菜	肉・魚・卵・大豆・大豆製品など	110〜150g	豆腐の場合は3倍量になると考えましょう（肉50g＝豆腐150g）
副菜	野菜・いも・海藻類など	160〜210g	野菜のうち1/3くらいは緑黄色野菜だとよいでしょう
その他	牛乳	200mℓ	牛乳は補食や朝食にとるとよいでしょう
	果物	50〜150g	果物は補食や朝食にとるとよいでしょう

※数値はあくまでも目安です。目安量にはあまりこだわらなくてかまいません。

食材のかたさ・大きさの目安

肉だんご〜炒め野菜
くらいのやわらかさ

2才代後半まではしっかりかみつぶせないので、食材は少しやわらかめにします。目安は肉だんご〜炒めキャベツや薄切りの炒めにんじんくらい。かみつぶしにくい食材は、加熱したり小さめに切ります。

（写真は、P45の3週目月曜日の献立）。

豆腐を混ぜ込んだやわらかめの鶏肉だんごなら、一口大でもかみつぶしやすいでしょう。

にんじんをせん切りにして炒めた「にんじんしりしり」。蒸し焼きにすれば、1才代でも食べられます。

1 週目の冷凍ストック

かむ練習にぴったりな薄切り肉や、短く切った野菜、せん切りの野菜を冷凍します。

Point
まだ奥歯が生えそろっていない場合は、
牛肉を小さめに切っても
よいでしょう。

牛すき焼き煮
お肉は食べやすい薄切りからスタート

材料（3回分）
牛肉薄切り（赤身）…120g　　しょうゆ…小さじ2
玉ねぎ…約½個（90g）　　　砂糖…小さじ1
油…小さじ1
だし汁…100mℓ

作り方
❶ フライパンに油を熱し、薄切りにした玉ねぎを炒め、しんなりしたら小さめの一口大に切った牛肉を炒める。
❷ だし汁、しょうゆ、砂糖を加えて煮る。

冷凍のしかた

3等分して、ラップで包み、冷凍用保存袋に入れて冷凍する。

Point
子どもの好きな
ケチャップ＆チーズ味で
魚が苦手な子も食べやすい。

まぐろの
ケチャップソテー
刺身のさくを使うから、骨を取る手間いらず

材料（3回分）
まぐろ刺身（さく）…120g　　ピザ用チーズ…大さじ2
トマトケチャップ…小さじ2　　油…小さじ1

作り方
❶ まぐろは8枚に切る。フライパンに油を熱し、両面を焼く。
❷ まぐろの片面にトマトケチャップを塗り、ピザ用チーズをのせる。

冷凍のしかた

1枚ずつラップで包み、冷凍用保存袋に入れて冷凍する。

用意する
冷凍
ストック --->
Ⓐ 牛すき焼き煮
Ⓑ まぐろの
ケチャップソテー
Ⓒ せん切り
キャベツ
Ⓓ さつまいも
ダイス
Ⓔ ゆで小松菜
Ⓕ にんじんの
すりつぶし

せん切りキャベツ
市販のせん切りキャベツでもOK

材料（4回分）
キャベツ…120g

作り方
❶ キャベツはスライサーなどでせん切りにする。

冷凍のしかた

4等分して、ラップで包み、冷凍
用保存袋に入れて冷凍する。

★ Point ★
生のキャベツを冷凍すると、
解凍したときに加熱したような
食感になり、食べやすくなります。

さつまいもダイス
市販の冷凍さつまいもを使ってもOK

材料（5回分）
さつまいも…100g

作り方
❶ さつまいもは1cm角に切って水にさらす。水からやわらか
くなるまでゆでる。

冷凍のしかた

7等分して、ラップで包み、冷凍
用保存袋に入れて冷凍する。

★ Point ★
ほんのり甘くて
子どもが好きな味。
おやつにもおすすめです。

ゆで小松菜
市販の冷凍小松菜を使ってもOK

材料（3回分）
小松菜…1と1/2株（60g）

作り方
① 小松菜はゆでて水けを軽く絞り、2cm幅に切る。

> **冷凍のしかた**
> 3等分して、ラップで包み、冷凍用保存袋に入れて冷凍する。

Point ☆
ゆでるときは、大人のおひたし用より、
少しだけ長くゆでる
くらいがよいでしょう。

にんじんのすりつぶし
にんじんは粗くつぶす程度でOK

材料（6個分）
にんじん…1本（120g）

作り方
① にんじんは輪切りにして水からやわらかくなるまでゆで、
マッシャーなどでつぶす。

> **冷凍のしかた**
> 6等分して、ラップで包み、冷凍用保存袋に入れて冷凍する。

Point ☆
つぶして冷凍すると、解凍したときに
スカスカな食感になるのを
防ぐことができます。

冷凍ストック以外の食材

	月 曜日	火 曜日	水 曜日	木 曜日	金 曜日	土 曜日	日 曜日
炭水化物	ごはん	ごはん	ごはん	ごはん	ごはん	ごはん	ごはん
たんぱく質		牛乳			絹豆腐、プレーンヨーグルト	卵、牛乳	牛乳、ピザ用チーズ
ビタミン・ミネラル				白いりごま			
調味料・油・その他	だし汁、みそ	顆粒コンソメ	オリーブ油、塩	トマトケチャップ、マヨネーズ、顆粒鶏がらスープ、ごま油	塩	油、トマトケチャップ、顆粒コンソメ	マヨネーズ

1週目の冷凍ストックで アレンジメニュー

この時期、食べる量には
まだばらつきがある子もいます。
完食させることを目指さないで、
残してもOKと考えましょう。

月曜日 →	火曜日 →	水曜日 →	木曜日 →	金曜日 →	土曜日 →	日曜日

いもごはん すき焼き 小松菜のみそ汁	まぐろのピザ風 にんじん ポタージュ ごはん	牛丼 キャベツの にんじん ドレッシング サラダ	まぐろと おいもの マヨケチャ炒め 中華スープ ごはん	牛すき豆腐 スイートポテト サラダ ごはん	オムライス 小松菜の ミルクスープ	ツナドリア キャベツの キャロットマヨ あえ

お肉が
かみにくそうな
ときはごはんに
混ぜてもOK

すき焼き

いもごはん

小松菜のみそ汁

月
曜日
Monday

いもごはん

材料

冷凍ストック

 D さつまいもダイス
…1個

+

ごはん…100g

作り方

❶ D さつまいもダイスは電子レンジで40秒ほど加熱する。
❷ ごはんに①をさっくり混ぜる。

すき焼き

材料

冷凍ストック

A 牛すき焼き煮
…1個

作り方

❶ A 牛すき焼き煮は電子レンジで1分ほど加熱する。

小松菜のみそ汁

材料

冷凍ストック

 E ゆで小松菜
…1個

+

だし汁…100mℓ
みそ…小さじ1

作り方

❶ 耐熱容器に E ゆで小松菜、だし汁を入れて電子レンジで2分ほど加熱し、みそを加えて混ぜる。

にんじんポタージュ

火
曜日
Tuesday

ごはん

まぐろのピザ風

まぐろが
お肉感覚で
味わえる

まぐろのピザ風

材料

冷凍ストック

 B まぐろの
ケチャップソテー
…3個

 C せん切り
キャベツ
…1個

作り方

❶ アルミホイルに **B** まぐろのケ
チャップソテー、**C** せん切り
キャベツをのせ、中温のトー
スターで焼いて解凍する。

- -

にんじんポタージュ

材料

冷凍ストック

 F にんじんの
すりつぶし…2個

+

牛乳…100㎖
顆粒コンソメ…小さじ⅓

作り方

❶ **F** にんじんのすりつぶしを電
子レンジで30秒ほど加熱し
て器に入れる。

❷ ①に温めた牛乳をそそぎ、コ
ンソメで味をととのえる。

- -

ごはん …子ども用茶碗1杯

牛丼

材料

冷凍ストック

 A 牛すき焼き煮
…1個

+

ごはん…子ども用茶碗1杯

作り方

❶ **A** 牛すき焼き煮は電子レンジ
で1分ほど加熱し、ごはんに
のせる。

- -

キャベツの
にんじんドレッシングサラダ

材料

冷凍ストック

 C せん切りキャベツ
…1個

 F にんじんの
すりつぶし…1個

+

オリーブ油…小さじ⅓
塩…少々

作り方

❶ **C** せん切りキャベツと **F** にん
じんのすりつぶしは一緒に電
子レンジで40秒ほど加熱し
て粗熱をとる。

❷ ①のにんじんのすりつぶしに
オリーブ油、塩を加えて混ぜる。

❸ ①のせん切りキャベツを②で
あえる。

水
曜日
Wednesday

キャベツの
にんじんドレッシング
サラダ

野菜の
いろいろな
食感を
体験できる！

牛丼

木
曜日
Thursday

中華スープ

ごはん

魚のくさみは
子どもの
大好きな味で
隠せばOK

まぐろとおいもの
マヨケチャ炒め

まぐろとおいものマヨケチャ炒め

材料

冷凍ストック

B まぐろの
ケチャップソテー
…3個

D さつまいもダイス
…2個

E ゆで小松菜…1個
＋
トマトケチャップ…小さじ⅓
マヨネーズ…小さじ½

作り方

① B まぐろのケチャップソテー、D さつまいもダイスは一緒に電子レンジで1分ほど加熱し、軽く解凍する。
② フライパンを熱し、①、E ゆで小松菜、トマトケチャップ、マヨネーズを入れて弱火で炒める。

中華スープ

材料

冷凍ストック

C せん切りキャベツ
…1個
＋
顆粒鶏がらスープ…小さじ½
水…100㎖　ごま油…少々
白いりごま…少々

作り方

① 耐熱容器に C せん切りキャベツ、水を入れて電子レンジで2分ほど加熱し、鶏がらスープ、ごま油、白ごまを加えて混ぜる。

ごはん …子ども用茶碗
1杯

牛すき豆腐

材料

冷凍ストック

A 牛すき焼き煮
…1個
＋
絹豆腐…50g

作り方

① 豆腐は電子レンジで40秒ほど加熱し、5等分に切る。
② A 牛すき焼き煮を電子レンジで1分ほど加熱し、①に混ぜる。

スイートポテトサラダ

材料

冷凍ストック

D さつまいもダイス
…2個

F にんじんの
すりつぶし…1個
＋
プレーンヨーグルト…小さじ2
塩…少々

作り方

① D さつまいもダイス、F にんじんのすりつぶしは一緒に電子レンジで1分ほど加熱し粗熱をとる。
② ①にプレーンヨーグルトを混ぜ、塩で味をととのえる。

ごはん …子ども用茶碗1杯

金
曜日
Friday

ごはん

スイートポテト
サラダ

豆腐を加えて
ボリュームの
あるおかずに

牛すき豆腐

小松菜のミルクスープ

オムライス

かわいい
見た目で
食欲アップ

オムライス

材料

冷凍ストック

にんじんの
すりつぶし
…1個

➕

ごはん…子ども用茶碗1杯
溶き卵…1個分
油…小さじ½
トマトケチャップ…少々

作り方

❶ **F**にんじんのすりつぶしは電子レンジで30秒ほど加熱し、ごはんに混ぜる。

❷ フライパンに油を熱して溶き卵を入れ、中までよく火を通して薄焼き卵を作り、①を卵にのせて巻く。

❸ トマトケチャップをかける。

小松菜のミルクスープ

材料

冷凍ストック

さつまいもダイス
…1個

ゆで小松菜
…1個

➕

牛乳…100ℓ
顆粒コンソメ…小さじ½

作り方

❶ **D**さつまいもダイスと**E**ゆで小松菜を一緒に電子レンジで1分ほど加熱して器に入れる。温めた牛乳をそそぎ、コンソメで味をととのえる。

ツナドリア

材料

冷凍ストック

まぐろの
ケチャップソテー
…2個

➕

ごはん…子ども用茶碗1杯
牛乳…50ℓ
ピザ用チーズ…小さじ2

作り方

❶ 耐熱容器に凍ったままでほぐした**B**まぐろのケチャップソテー、ごはん、牛乳を入れて混ぜ、電子レンジで40秒加熱する。5分ほど蒸らす。

❷ ①にピザ用チーズをのせて高温に熱したオーブントースターで、表面がきつね色になるまで焼く。

キャベツのキャロットマヨあえ

材料

冷凍ストック

せん切りキャベツ
…1個

さつまいもダイス
…1個

にんじんの
すりつぶし…1個

➕

マヨネーズ…小さじ1

作り方

❶ **C**せん切りキャベツ、**D**さつまいもダイスは一緒に電子レンジで1分ほど加熱して粗熱をとる。

❷ **F**にんじんのすりつぶしは電子レンジで30秒ほど加熱して粗熱をとり、マヨネーズを混ぜる。

❸ ①を②であえる。

キャベツの
キャロットマヨあえ

中が熱くないか
確認して
食べさせましょう

ツナドリア

2週目の冷凍ストック

ハンバーグや薄切り肉を重ねて冷凍ストックにします。かじり取る練習になります。

用意する
冷凍 --▶
ストック

 Ⓐ ハンバーグ

 Ⓑ 豚肉と白菜の重ね煮

 Ⓒ 鯛のねぎ塩焼き

 Ⓓ パプリカとアスパラ

 Ⓔ ゆでほうれん草

 Ⓕ にんじんと玉ねぎのスライス

冷凍ストック Ⓐ

★ Point ★
ハンバーグはあえて一口大に作らず、
かじり取れる大きさにしましょう。

ハンバーグ
蒸し焼きにして中までしっかり加熱を

材料（3回分）
合いびき肉…120g　　溶き卵…½個分　　油…小さじ1
玉ねぎ（粗みじん切り）　牛乳…大さじ1　　水…大さじ3
…70g　　　　　　　　パン粉…大さじ2

作り方
❶ 玉ねぎは電子レンジで2分ほど加熱し、粗熱をとる。
❷ ボウルに①と油と水以外の残りの食材を入れてよく混ぜ、3等分にして楕円形に成形する。
❸ フライパンに油を熱して②を焼き、両面焼き色がついたら水を加え、ふたをして蒸し焼きにし、中まで火を通す。

冷凍のしかた

1個ずつラップで包み、冷凍用保存袋に入れて冷凍する。

冷凍ストック Ⓑ

Point
薄切り肉は、重ねて厚みを出すほうが
食べやすくなります。

豚肉と白菜の重ね煮
冷凍すると、食材に味がしみ込む

材料（2回分）
豚薄切り肉…80g　　　顆粒和風だし…小さじ½
白菜…80g　　　　　　水…200mℓ

作り方
❶ 豚肉、白菜は5cm幅に切る。深鍋に白菜、豚肉の順で3回重ねて入れる。
❷ 和風だし、水を加え、水分が少なくなるまで加熱する。

冷凍のしかた

汁けをきって2等分にし、それぞれラップで包み、冷凍用保存袋に入れて冷凍する。

★ Point ★

かんぱちやいさきなどの味にくせのない
他の魚でも OK。

鯛のねぎ塩焼き
淡泊な白身魚なら食べやすい

材料（3回分）

鯛（刺身）…9切れ　　塩…少々
青ねぎ…30g　　　　水…大さじ2
油…小さじ2

作り方
① 青ねぎは小口切りにする。
② フライパンに油を熱し、鯛の両面に焼き色をつけ、青ねぎ
と水を加え、ふたをして蒸し焼きにする。鯛の中まで火が
通ったら、塩で味をつける。

冷凍のしかた

3等分してラップで包み、さらに
冷凍用保存袋に入れて冷凍する。

★ Point ★
細切りや斜め切りにすると、
奥歯がない子でも
食べやすくなります。

パプリカとアスパラ
蒸し焼きにしてやわらか仕上げに

材料（5回分）

赤パプリカ…約½個(75g)　　バター…小さじ1
グリーンアスパラガス…75g　　水…大さじ3

作り方
① パプリカは4cm長さの細切り、アスパラガスは4cm長さの
斜め切りにする。
② フライパンにバターを熱し、①を加えて炒め、水を入れて
蒸し焼きにして火を通す。

冷凍のしかた

5等分してラップで包み、冷凍用
保存袋に入れて冷凍する。

ゆでほうれん草
しっかり絞って水けをとって冷凍

材料（3回分）
ほうれん草…2と½株（100g）

作り方
❶ ほうれん草はやわらかくなるまでゆで、流水にさらして水けを絞る。3cm長さに切る。

冷凍のしかた
3等分してラップで包み、冷凍用保存袋に入れて冷凍する。

★ Point ★
市販の冷凍ほうれん草を使ってもOK。
バラ凍結で便利です。

にんじんと玉ねぎのスライス
同じ長さに切りそろえて

材料（3回分）
にんじん（2cm厚さの輪切り）…1個（20g）　　玉ねぎ…1/10個（20g）

作り方
❶ にんじん、玉ねぎは5cm長さの細切りにする。
❷ ①のにんじんを水からゆで、沸騰してから3分後に玉ねぎを入れてゆで、水けをきる。

冷凍のしかた
3等分してラップで包み、冷凍用保存袋に入れて冷凍する。

★ Point ★
細切りにした野菜なら
大人と同じ程度の
ゆで具合でも食べられます。

冷凍ストック以外の食材

	月 曜日	火 曜日	水 曜日	木 曜日	金 曜日	土 曜日	日 曜日
炭水化物	ごはん	ごはん	ごはん	ごはん、マカロニ	ごはん	ごはん	ごはん
たんぱく質					牛乳、粉チーズ	牛乳	卵
ビタミン・ミネラル		のり					
調味料・油・その他	砂糖、トマトケチャップ、しょうゆ、みそ、だし汁	しょうゆ	かつおぶし、ポン酢しょうゆ	トマトピューレ、砂糖、トマトケチャップ、マヨネーズ、	米粉、顆粒コンソメ	だし汁、しょうゆ、かたくり粉、顆粒コンソメ	油、しょうゆ

2週目の冷凍ストックで アレンジメニュー

「大きめのハンバーグを
どうやって食べようかな」と考えて、
フォークで刺してみるのも経験です。
切らずにお皿にのせてみましょう。

月曜日 →	火曜日 →	水曜日 →	木曜日 →	金曜日 →	土曜日 →	日曜日

ハンバーグ	豚と白菜の重ね煮	鯛のねぎ塩ソテー	ハンバーグとほうれん草のトマト煮	豚と野菜のクリーム煮	和風ハンバーグ	鯛めし
パプリカとアスパラのしょうゆソテー	ほうれん草とのりのおひたし	パプリカとアスパラのかつおあえ	パプリカとアスパラのマカロニサラダ	にんじん玉ねぎのコンソメスープ	ほうれん草のクリームスープ	パプリカとアスパラの卵炒め
にんじんと玉ねぎのみそ汁	ごはん	ごはん	ごはん	ごはん	ごはん	
ごはん						

にんじんと玉ねぎのみそ汁

ごはん

パプリカとアスパラのしょうゆソテー

月
曜日
Monday

甘みのある
ソースで
ハンバーグが
食べやすい

ハンバーグ

ごはん …子ども用茶碗1杯

ハンバーグ

材料
冷凍ストック

 ハンバーグ…1個

+

砂糖…小さじ½
トマトケチャップ…大さじ½

作り方
① Ａ ハンバーグは電子レンジで2分ほど加熱し、砂糖とトマトケチャップを混ぜたソースをかける。

パプリカとアスパラのしょうゆソテー

材料
冷凍ストック

 パプリカとアスパラ…1個

+

しょうゆ…少々

作り方
① Ｄ パプリカとアスパラは電子レンジで30秒ほど加熱し、しょうゆを入れてよく混ぜる。

にんじんと玉ねぎのみそ汁

材料
冷凍ストック

 にんじんと玉ねぎのスライス…1個

+

みそ…小さじ1　だし汁…100㎖

作り方
① 耐熱容器に Ｆ にんじんと玉ねぎのスライス、だし汁を入れて電子レンジで2分ほど加熱し、みそを加えて混ぜる。

ごはん

豚と白菜の重ね煮

火
曜日
Tuesday

ほうれん草と
のりのおひたし

のりは
小さめに
ちぎってから
加えます

豚と白菜の重ね煮

材料

冷凍ストック

B 豚肉と白菜の
重ね煮
…1個

作り方

❶ **B 豚肉と白菜の重ね煮**は
電子レンジで2分ほど加
熱する。

ほうれん草とのりのおひたし

材料

冷凍ストック

E ゆでほうれん草
…1個

＋

のり…⅛枚
しょうゆ…少々

作り方

❶ **E ゆでほうれん草**は電子
レンジで30秒ほど加熱
する。

❷ のりは手で小さくちぎり、
①に加え、しょうゆで味
をととのえる。

ごはん …子ども用茶碗1杯

鯛のねぎ塩ソテー

材料

冷凍ストック

C 鯛のねぎ塩焼き
…2個

作り方

❶ **C 鯛のねぎ塩焼き**は電子レン
ジで1分30秒ほど加熱し、
食べやすい大きさに切る。

パプリカとアスパラのかつおあえ

材料

冷凍ストック

D パプリカと
アスパラ
…1個

＋

かつおぶし…少々
ポン酢しょうゆ…少々

作り方

❶ **D パプリカとアスパラ**を電子
レンジで30秒ほど加熱する。

❷ 細かくしたかつおぶしとポン酢
しょうゆを合わせて①をあえる。

ごはん …子ども用茶碗1杯

水
曜日
Wednesday

パプリカと
アスパラの
かつおあえ

ごはん

鯛のねぎ塩ソテー

魚は
手づかみでも
OK

マカロニがあるのでごはんはやや少なめに

パプリカとアスパラのマカロニサラダ

ごはん

ハンバーグとほうれん草のトマト煮

ハンバーグとほうれん草のトマト煮

材料

[冷凍ストック]

A ハンバーグ …1個

E ゆでほうれん草 …1個

＋

トマトピューレ…大さじ1　砂糖…小さじ1
トマトケチャップ…小さじ1　水…50㎖

作り方

1. A ハンバーグと E ゆでほうれん草は一緒に電子レンジで1分20秒ほど加熱する。
2. フライパンに①とトマトピューレ、砂糖、トマトケチャップ、水を入れ、落としぶたをして2分ほど煮る。

パプリカとアスパラのマカロニサラダ

材料

[冷凍ストック]

D パプリカとアスパラ …1個

＋

マカロニ(ゆでたもの)…20g
マヨネーズ…小さじ1

作り方

1. D パプリカとアスパラは電子レンジで30秒ほど加熱する。マカロニは2cm長さに切る。
2. ①とマヨネーズを混ぜる。

ごはん …子ども用茶碗1杯弱

豚と野菜のクリーム煮

材料

[冷凍ストック]

B 豚肉と白菜の重ね煮 …1個

D パプリカとアスパラ …1個

＋

牛乳…50㎖　米粉…小さじ1　粉チーズ…少々

作り方

1. B 豚肉と白菜の重ね煮、D パプリカとアスパラを一緒に電子レンジで2分ほど加熱する。
2. フライパンに①、牛乳と米粉を合わせたものを加え、とろみがつくまで加熱する。粉チーズをかける。

にんじん玉ねぎのコンソメスープ

材料

[冷凍ストック]

F にんじんと玉ねぎのスライス …1個

＋

顆粒コンソメ…小さじ½　水…100㎖

作り方

1. 耐熱容器に F にんじんと玉ねぎのスライス、水を入れて電子レンジで2分ほど加熱し、コンソメを加えて混ぜる。

ごはん …子ども用茶碗1杯

ごはん

にんじん玉ねぎのコンソメスープ

豚と野菜のクリーム煮

とろみづけに米粉を使うとダマになりにくい

ごはん

ほうれん草の
クリームスープ

土
曜日
Saturday

あんがかかると
肉が
かみやすい

和風ハンバーグ

和風ハンバーグ

材料

冷凍ストック

 A ハンバーグ
…1個

 F にんじんと玉ねぎ
のスライス
…1個

＋

だし汁…50㎖
しょうゆ…少々
かたくり粉…大さじ1

作り方

❶ A ハンバーグ、F にんじんと玉ねぎのスライスは一緒に電子レンジで2分20秒ほど加熱する。

❷ 小鍋にだし汁、①のにんじんと玉ねぎのスライス、しょうゆを入れて加熱し、倍量の水（材料外）で溶いたかたくり粉でとろみをつける。

❸ ①のハンバーグに②をかける。

ほうれん草のクリームスープ

材料

冷凍ストック

 E ゆでほうれん草
…1個

＋

牛乳…70㎖
顆粒コンソメ…小さじ1/2

作り方

❶ E ゆでほうれん草は電子レンジで20秒ほど加熱する。

❷ ①をみじん切りにして温めた牛乳とコンソメを加えて混ぜる。

ごはん …子ども用茶碗1杯

鯛めし

材料

冷凍ストック

 C 鯛のねぎ塩焼き
…1個

＋

ごはん…子ども用茶碗1杯

作り方

❶ C 鯛のねぎ塩焼きは電子レンジで1分ほど加熱し、ごはんと混ぜる。

パプリカとアスパラの卵炒め

材料

冷凍ストック

 D パプリカとアスパラ
…1個

＋

溶き卵…1/2個分
油…小さじ1
しょうゆ…少々

作り方

❶ D パプリカとアスパラは電子レンジで30秒ほど加熱する。

❷ 溶き卵にしょうゆを加えて混ぜ、油を熱したフライパンで中に火が通るまで炒める。

❸ ①を加えて軽く炒め合わせる。

鯛めし

日
曜日
Sunday

パプリカと
アスパラの
卵炒め

卵は
しっかり中まで
火を通して

3週目の冷凍ストック

やわらかめの鶏肉のナゲットやきゅうりなどを冷凍。しっかりかむよう促しましょう。

冷凍ストック A

★ Point ★
①で粉類をざっくり混ぜたら
早めに揚げ焼きにするのが、
ふんわりと仕上げるポイントです。

鶏と豆腐のナゲット
豆腐を加えてやわらかナゲットに

材料（4回分）

鶏ひき肉…80g	かたくり粉…大さじ1	油…適量
絹豆腐…80g	しょうゆ…小さじ1	
小麦粉…大さじ1	マヨネーズ…大さじ1	

作り方

① ボウルに鶏肉と豆腐を入れて混ぜ合わせる。小麦粉、かたくり粉、しょうゆ、マヨネーズも加えて混ぜ合わせる（混ぜるときに手が汚れないよう、ポリ袋に入れて混ぜてもOK）。

② フライパンに底から1cm程度の油を入れて中温に熱し、①を2本のスプーンで丸く成形して入れ、きつね色になるまで揚げ焼きにする。全部で8個作る。

冷凍のしかた

2個ずつラップで包み、冷凍用保存袋に入れて冷凍する。

冷凍ストック B

★ Point ★
A（牛乳、小麦粉、塩）は
前もって混ぜ合わせて
おきましょう。

鮭と野菜のクリーム煮
魚と野菜が食べやすいクリーム煮に

材料（3回分）

鮭（骨と皮を取り除く）…120g	バター…10g
玉ねぎ…約¼個（60g）	A ⌈牛乳…200㎖
にんじん（6cm厚さの輪切り）…1個（60g）	小麦粉…大さじ2
	⌊塩…小さじ¼

作り方

① 玉ねぎは薄切りに、にんじんはピーラーなどで薄切りに、鮭は一口大に切る。Aを合わせておく。

② フライパンにバターを熱し、玉ねぎとにんじんを炒める。しんなりしたら鮭を加えて炒め、鮭の色が変わったらAを加える。

③ 煮立ってとろみがついたら火を止める。

冷凍のしかた

3等分して小分け容器に入れるか、ラップで包み、冷凍用保存袋に入れて冷凍する。

用意する
冷凍
ストック ---＞ Ⓐ 鶏と豆腐の
ナゲット Ⓑ 鮭と野菜の
クリーム煮 Ⓒ ゆでさといも Ⓓ ひじきと
ツナの煮物 Ⓔ せん切り
きゅうり Ⓕ ゆでいんげん

ゆでさといも
市販の冷凍さといもでも OK

材料（3回分）
さといも…90g

作り方
❶ さといもは水からやわらかくなるまでゆでて、いちょう切りにする。

冷凍のしかた

3等分してラップで包み、冷凍用保存袋に入れて冷凍する。

冷凍ストック

Ⓒ

★ Point ★
さといもは、電子レンジで1〜2分加熱すると皮がむきやすくなります。
ホイルに包んで炊飯器で蒸してもOK。

ひじきとツナの煮物
ツナのうまみを含んだひじきがおいしい

材料（3回分）
ひじき水煮…30g
（または乾燥芽ひじき4g）

ツナ水煮（缶詰）
…1缶（70g）
にんじん
（4cm厚さの輪切り）
…1個（40g）

しょうゆ、みりん
…各大さじ1
だし汁…大さじ3

作り方
❶ ひじきは（乾燥ひじきの場合は10倍量の湯でゆでたもの）3cm程度に切る。
❷ 小鍋にツナ、細切りにしたにんじん、①を入れ、しょうゆ、みりん、だし汁を加え、汁けがなくなるまで煮る。

冷凍のしかた

3等分して小分け容器に入れるか、ラップで包み、冷凍用保存袋に入れて冷凍する。

冷凍ストック

Ⓓ

★ Point ★
ひじきが食べにくそうなら、
少し短めに切っても
よいでしょう。

冷凍ストック

E

せん切りきゅうり
冷凍すると塩もみしたようなしんなりきゅうりに

材料（4回分）
きゅうり…120g

作り方
❶ きゅうりは斜めに薄切りにしてからせん切りにする。

冷凍のしかた
4等分してラップで包み、冷凍用
保存袋に入れて冷凍する。

Point ☆
斜めに薄切りにしてから細く切ると、
皮の緑がきれいに見え、彩りがよくなります。

冷凍ストック

F

ゆでいんげん
市販の冷凍いんげんを使ってもOK

材料（3回分）
さやいんげん…60g

作り方
❶ さやいんげんはたっぷりの湯でゆでて、1cm幅に切る。

冷凍のしかた
3等分してラップで包み、冷凍用
保存袋に入れて冷凍する。

☆ Point ☆
ゆでるときは歯ごたえが残る程度に
するとよいでしょう。

冷凍ストック以外の食材

	月 曜日	**火** 曜日	**水** 曜日	**木** 曜日	**金** 曜日	**土** 曜日	**日** 曜日
炭水化物	ごはん	ごはん	ごはん	ごはん	ごはん	ごはん	ごはん
たんぱく質		ピザ用チーズ					
ビタミン・ミネラル	ミニトマト		ミニトマト、黒すりごま	白すりごま	ミニトマト、白すりごま、青のり	ミニトマト、青のり	クリームコーン缶
調味料・油・その他	トマトケチャップ、マヨネーズ、みそ、だし汁	ゆかり	トマトケチャップ、酢、ごま油	みそ、しょうゆ、砂糖	マヨネーズ、しょうゆ	マヨネーズ	トマトケチャップ、バター、しょうゆ

3週目の冷凍ストックで アレンジメニュー

ひじきの煮物は、野菜をあえたり、
ごはんに混ぜたりと重宝。
冷凍ナゲットも、ソースを替えたり、
野菜と調理すると
変化が楽しめます。

月曜日 →	火曜日 →	水曜日 →	木曜日 →	金曜日 →	土曜日 →	日曜日

鶏と豆腐の ナゲット	鮭と野菜の クリーム煮	鶏の 野菜ケチャあえ	鮭と野菜の みそクリーム煮	鶏と豆腐の ナゲット	鮭と野菜の クリーム煮	鶏と豆腐の ナゲットの コーンクリーム
ミニトマトの ひじきあえ	きゅうりの ゆかりあえ	きゅうりと ひじきの ナムル	いんげんの ごまあえ	きゅうりとトマト の青のりサラダ	さといもと きゅうりの マヨサラダ	さといもと いんげんの バターじょうゆ
さといものみそ汁	ごはん	ごはん	ごはん	ひじきごはん	ごはん	ごはん
ごはん						

さといものみそ汁

ミニトマトのひじきあえ

ごはん

鶏と豆腐の
ナゲット

子どもの好きな
ケチャップ味で
食欲アップ

月
曜日
Monday

鶏と豆腐のナゲット

材料

冷凍ストック

 Ⓐ **鶏と豆腐の
ナゲット**…1個

＋

Ⓐトマトケチャップ、マヨネーズ…各小さじ½

作り方

❶ **Ⓐ鶏と豆腐のナゲット**は電子
レンジで1分30秒ほど加熱
する。
❷ **Ⓐ**を混ぜ合わせて①にかける。

ミニトマトのひじきあえ

材料

冷凍ストック

 Ⓓ **ひじきとツナの
煮物**…1個

＋

ミニトマト…3個

作り方

❶ **Ⓓひじきとツナの煮物**は電子レ
ンジで40秒ほど加熱し、4つ
に切ったミニトマトを加えて混
ぜ合わせる。

さといものみそ汁

材料

冷凍ストック

 Ⓒ **ゆでさといも**
…1個

＋

みそ…小さじ1
だし汁…100㎖

作り方

❶ 耐熱容器に**Ⓒゆでさといも**、
だし汁を入れて電子レンジで
2分ほど加熱し、みそを加え
て混ぜる。

ごはん …子ども用茶碗1杯

45

しんなり
していて
かみやすい

きゅうりの
ゆかりあえ

ごはん

クリーム煮に
すると
魚嫌いの子でも
食べやすい

鮭と野菜のクリーム煮

火
曜日
Tuesday

鮭と野菜のクリーム煮

材料

冷凍ストック

B 鮭と野菜の
クリーム煮
…1個

＋

ピザ用チーズ…小さじ½

作り方

① 耐熱容器に B 鮭と野菜のクリーム煮を入れ、ピザ用チーズをかけて電子レンジで2分ほど加熱する。

きゅうりのゆかりあえ

材料

冷凍ストック

E せん切りきゅうり
…1個

＋

ゆかり…小さじ½

作り方

① E せん切りきゅうりは電子レンジで20秒加熱する。
② ①の水けを絞り、ゆかりであえる。

ごはん …子ども用茶碗1杯

鶏の野菜ケチャあえ

材料

冷凍ストック

A 鶏と豆腐の
ナゲット
…1個

F ゆでいんげん…1個

＋

ミニトマト…1個

A ┌ トマトケチャップ…小さじ1
  └ 酢…小さじ½

作り方

① A 鶏と豆腐のナゲット、 F ゆでいんげんは一緒に電子レンジで2分ほど加熱する。
② ①に8つに切ったミニトマト、A を加えて混ぜる。

きゅうりとひじきのナムル

材料

冷凍ストック

D ひじきと
ツナの煮物
…1個

E せん切りきゅうり
…1個

＋

ごま油…小さじ½
黒すりごま…小さじ1

作り方

① D ひじきとツナの煮物、 E せん切りきゅうりは一緒に電子レンジで1分ほど加熱する。
② ①の水けを絞り、ごま油を加え、黒ごまを混ぜる。

ごはん …子ども用茶碗
1杯

水
曜日
Wednesday

きゅうりとひじきのナムル

ごま油の風味で
きゅうりの
青くささを
抑えます

ごはん

鶏の野菜ケチャあえ

みその
うまみで
食べやすさを
アップ

鮭と野菜の
みそクリーム煮

ごはん

いんげんのごまあえ

鮭と野菜のみそクリーム煮

材料
冷凍ストック

 B　鮭と野菜の
クリーム煮
…1個

+

みそ…小さじ½

作り方
① B鮭と野菜のクリーム煮
は電子レンジで2分ほど
加熱する。
② ①にみそを加えて混ぜ合
わせる。

いんげんのごまあえ

材料
冷凍ストック

 F　ゆでいんげん
…1個

+

A ┌ しょうゆ…小さじ½
　│ 砂糖…小さじ½
　└ 白すりごま…小さじ1

作り方
① Fゆでいんげんを電子レン
ジで30秒ほど加熱する。
② ①の水けを絞り、混ぜ合
わせたAであえる。

ごはん …子ども用茶碗1杯

鶏と豆腐のナゲット

材料
冷凍ストック

 A　鶏と豆腐の
ナゲット
…1個

+

白すりごま、マヨネーズ
…各小さじ1

作り方
① A鶏と豆腐のナゲットは電子
レンジで1分30秒ほど加熱し、
食べやすい大きさに切る。
② 白ごまとマヨネーズを混ぜ合
わせて①にかける。

きゅうりとトマトの青のりサラダ

材料
冷凍ストック

 E　せん切りきゅうり
…1個

+

ミニトマト…2個
しょうゆ、青のり…各小さじ½

作り方
① Eせん切りきゅうりは電子レ
ンジで20秒ほど加熱する。
② ①の水けを絞り、4つに切っ
たミニトマト、しょうゆ、青
のりと混ぜ合わせる。

ひじきごはん

材料
冷凍ストック

 D　ひじきと
ツナの煮物
…1個

+

ごはん…子ども用茶碗1杯

作り方
① Dひじきとツナの煮物は電子
レンジで40秒ほど加熱し、
水けをきってごはんに混ぜる。

きゅうりとトマトの
青のりサラダ

金
曜日
Friday

冷やしてから
食べると
よりおいしい

鶏と豆腐のナゲット

ひじきごはん

さといもときゅうりの
マヨサラダ

青のりの
風味が
アクセント

土
曜日
Saturday

ごはん

鮭と野菜のクリーム煮

鮭と野菜のクリーム煮

材料
冷凍ストック

B 鮭と野菜の
クリーム煮
…1個

＋

ミニトマト…2個

作り方
❶ **B** 鮭と野菜のクリーム煮は電子レンジで2分ほど加熱する。
❷ 4つに切ったミニトマトを①に混ぜ合わせ、電子レンジで30秒ほど加熱する。

さといもときゅうりのマヨサラダ

材料
冷凍ストック

C ゆでさといも
…1個

E せん切りきゅうり
…1個

＋

マヨネーズ…小さじ2
青のり…少々

作り方
❶ **C** ゆでさといも、**E** せん切りきゅうりは一緒に電子レンジで1分ほど加熱する。きゅうりは水けを絞る。
❷ ①にマヨネーズを混ぜ合わせ、青のりをふる。

> **ごはん** …子ども用茶碗1杯

鶏と豆腐のナゲットのコーンクリーム

材料
冷凍ストック

A 鶏と豆腐の
ナゲット
…1個

＋

クリームコーン（缶詰）
…大さじ1
トマトケチャップ…小さじ½

作り方
❶ **A** 鶏と豆腐のナゲットを電子レンジで1分30秒ほど加熱し、食べやすい大きさに切る。
❷ クリームコーンとトマトケチャップを混ぜ合わせ、①にかける。

さといもといんげんのバターじょうゆ

材料
冷凍ストック

C ゆでさといも
…1個

F ゆでいんげん
…1個

＋

バター…小さじ1
しょうゆ…少々

作り方
❶ **C** ゆでさといも、**F** ゆでいんげんを一緒に電子レンジで1分ほど加熱する。
❷ ①が熱いうちにバターとしょうゆであえる。

> **ごはん** …子ども用茶碗1杯

さといもといんげん
のバターじょうゆ

日
曜日
Sunday

> コーン＆
> ケチャップは
> 幼児食の
> 万能調味料

ごはん

鶏と豆腐のナゲット
のコーンクリーム

48

4 週目の冷凍ストック

肉や魚のくさみは下味をつけたり、香味野菜を上手に使い、食べやすくする工夫をします。

用意する
冷凍 ---▶
ストック

Ⓐ
鶏ささみ
いそべ焼き

Ⓑ
ぶりの
みそしょうが煮

Ⓒ
大根にんじん

Ⓓ
なすトマト

Ⓔ
じゃがいもと
ブロッコリー

Ⓕ
バターコーン

冷凍ストック
Ⓐ

Point
下味や衣をつけるときは
ポリ袋を利用すると片づけがラクです。

鶏ささみいそべ焼き

下味をつけて肉のくさみを抑えて

材料（4回分）

鶏ささみ	**しょうゆ**…小さじ2	**かたくり粉**
…3本(160g)	**青のり**…小さじ1	…大さじ2強
酒…小さじ2		**油**…適量

作り方
① 鶏ささみはすじを取り除き、1本を4等分にそぎ切りにし、酒、しょうゆで下味をつける。
② かたくり粉と青のりを混ぜて①にまぶし、中温に熱した油で揚げ焼きにする。

冷凍のしかた

3切れずつラップで包み、冷凍保存用袋に入れて冷凍する。

冷凍ストック
Ⓑ

Point
ぶりの皮は取り除かなくてOK。
皮のある魚の食べ方を教えましょう。

ぶりのみそしょうが煮

魚のくさみ対策にはしょうがが効果的

材料（3回分）

ぶり(切り身)…150g	**みりん**…小さじ1
みそ…小さじ2	**おろししょうが**…チューブ1cm
	だし汁…70㎖

作り方
① ぶりは3等分に切る。ぶり以外の材料を鍋に入れて火にかけ、煮立ったらぶりを加えて火が通るまで煮る。

冷凍のしかた

1切れずつラップで包み、冷凍用保存袋に入れて冷凍する。

★ Point ★
野菜を生で冷凍しておくと、
加熱するとすぐにやわらかくなります。

大根にんじん
紅白でメニューを彩ります

材料（4回分）
大根（1.5cm厚さの輪切り）…1個（50g）
にんじん（5cm厚さの輪切り）…1個（50g）

作り方
❶ 大根とにんじんは薄いいちょう切りにして合わせる。

冷凍のしかた

4等分してラップで包み、冷凍用
保存袋に入れて冷凍する。

★ Point ★
カットトマトは、種がなく
子どもが食べやすいサイズに
切られているので重宝します。

なすトマト
加えるだけでメニューがイタリアンに

材料（3回分）
なす…小1本（80g）
カットトマト（缶詰）…180g　　　**顆粒コンソメ…小さじ2**

作り方
❶ なすは皮をしま目にむき、1cm程度の角切りにし、水にさらす。
❷ 鍋にカットトマト、水けをきった①、コンソメを入れ、弱火で水分がほぼなくなるまで煮込む。

冷凍のしかた

3等分してラップで包み、冷凍用
保存袋に入れて冷凍する。

じゃがいもとブロッコリー

電子レンジでカンタン調理

E 冷凍ストック

材料（4回分）
じゃがいも…小1個（120g）
ブロッコリー…小房4個（60g）

作り方
① じゃがいもは1cm厚さに切り、電子レンジで4分加熱する。
② ブロッコリーはこまかく切り、電子レンジで2分加熱し、①と混ぜる。

冷凍のしかた
4等分し、ラップで包み、冷凍用保存袋に入れて冷凍する。

Point
じゃがいもは冷凍すると水分が抜けて
食感が悪くなりますが、つぶすか小さく切れば大丈夫。

バターコーン

軽く炒めて香ばしさをプラス

F 冷凍ストック

材料（3回分）
ホールコーン（缶詰）…50g
バター…小さじ1

作り方
① フライパンにバターを熱し、ホールコーンを軽く炒める。

冷凍のしかた
3等分してラップで包み、冷凍用保存袋に入れて冷凍する。

Point
バターコーンは、
食材に混ぜるだけで
香ばしさと甘さがプラスされます。

冷凍ストック以外の食材

	月曜日	火曜日	水曜日	木曜日	金曜日	土曜日	日曜日
炭水化物	ごはん	ごはん	ごはん	ごはん	ごはん	ごはん	ごはん
たんぱく質	プレーンヨーグルト		牛乳	ピザ用チーズ	粉チーズ		
ビタミン・ミネラル		青ねぎ				青ねぎ	
調味料・油・その他	マヨネーズ	だし汁、しょうゆ	顆粒コンソメ	顆粒コンソメ	マヨネーズ、だし汁、みそ	顆粒鶏がらスープ、塩、油	トマトケチャップ、酢、砂糖、油、マヨネーズ

4週目の冷凍ストックで アレンジメニュー

そしゃくがうまくいかない食材は、苦手意識を持つことも。「煮る」「焼く」「炒める」などいろいろな調理法で「食べやすさ」を見つけましょう。

月曜日 →	火曜日 →	水曜日 →	木曜日 →	金曜日 →	土曜日 →	日曜日

月曜日	火曜日	水曜日	木曜日	金曜日	土曜日	日曜日
鶏ささみ いそべ焼き	ぶりのみそ煮	鶏ささみの トマト煮	ぶりの マッシュポテト グラタン	鶏ささみの マヨチーズ焼き	ぶりの チャーハン	酢鶏
トマトスープ	大根と にんじんの すまし汁	ブロッコリー ポタージュ	大根の コンソメスープ	大根のみそ汁	トマトスープ	マッシュポテト
ポテトサラダ	ごはん	ごはん	ごはん	コーンの バター炒め		ごはん
ごはん				ごはん		

ヨーグルトでしっとりさせると、ポテトサラダが食べやすい

トマトスープ

ポテトサラダ

ごはん

鶏ささみいそべ焼き

月曜日 Monday

鶏ささみいそべ焼き

材料
冷凍ストック
 Ⓐ **鶏ささみ いそべ焼き** …1個

作り方
❶ Ⓐ鶏ささみいそべ焼きは電子レンジで1分ほど加熱し、食べやすい大きさに切る。

トマトスープ

材料
冷凍ストック
 Ⓓ **なすトマト** …1個

＋

水…100mℓ

作り方
❶ 耐熱容器にⒹなすトマト、水を入れて電子レンジで1分ほど加熱して混ぜる。

ポテトサラダ

材料
冷凍ストック
 Ⓔ **じゃがいもと ブロッコリー** …1個

＋

マヨネーズ…小さじ1弱
プレーンヨーグルト …小さじ1

作り方
❶ Ⓔじゃがいもとブロッコリーは電子レンジで40秒ほど加熱し、マヨネーズ、プレーンヨーグルトを加えて混ぜる。

ごはん …子ども用茶碗1杯

52

大根とにんじんのすまし汁

ごはん

ぶりのみそ煮

ぶりの皮が
口に残ったら
「出していいよ」
と声をかけて

火
曜日
Tuesday

ぶりのみそ煮

材料

冷凍ストック
B ぶりのみそ
しょうが煮
…1個

＋

青ねぎ（小口切り）…少々

作り方

❶ **B**ぶりのみそしょうが煮の上に青ねぎをのせ、電子レンジで1分ほど加熱する。ぶりを食べやすい大きさに切る。

大根とにんじんのすまし汁

材料

冷凍ストック
C 大根にんじん
…1個

＋

だし汁…100mℓ
しょうゆ…少々

作り方

❶ 耐熱容器に**C**大根にんじん、だし汁を入れて電子レンジで2分ほど加熱し、しょうゆで味をととのえる。

ごはん …子ども用茶碗1杯

鶏ささみのトマト煮

材料

冷凍ストック
A 鶏ささみ
いそべ焼き
…1個

D なすトマト
…1個

作り方

❶ **A**鶏ささみいそべ焼き、**D**なすトマトは一緒に電子レンジで2分ほど加熱し、混ぜ合わせる。

ブロッコリーポタージュ

材料

冷凍ストック
E じゃがいもと
ブロッコリー
…1個

＋

顆粒コンソメ…小さじ½
牛乳…100mℓ

作り方

❶ **E**じゃがいもとブロッコリーは電子レンジで40秒ほど加熱して器に入れ、温めた牛乳とコンソメを加えて混ぜる。

ごはん …子ども用茶碗1杯

水
曜日
Wednesday

いそべ焼きが
なすトマトで
イタリアン風

ごはん

鶏ささみのトマト煮

ブロッコリー
ポタージュ

大根のコンソメスープ

ごはん

オーブン
トースターで
焼かず、電子
レンジで1分
加熱でもOK

ぶりの
マッシュポテトグラタン

ぶりのマッシュポテトグラタン

材料

冷凍ストック

B ぶりの
みそしょうが煮
…1個

E じゃがいもと
ブロッコリー
…1個

F バターコーン
…1個

+

ピザ用チーズ…大さじ1

作り方

❶ B ぶりのみそしょうが煮、
E じゃがいもとブロッコ
リー、F バターコーンは、
一緒に電子レンジで2分
ほど加熱する。ぶりはほ
ぐす。

❷ ①を耐熱容器に入れて混
ぜ合わせ、ピザ用チーズ
をのせて、中温に熱した
オーブントースターで焼
き色がつくまで焼く。

大根のコンソメスープ

材料

冷凍ストック

C 大根にんじん
…1個

+

顆粒コンソメ…小さじ½
水…100mℓ

作り方

❶ 耐熱容器に C 大根にんじん、
水を入れて電子レンジで2分
ほど加熱し、コンソメを加え
て混ぜる。

ごはん …子ども用茶碗
1杯

鶏ささみのマヨチーズ焼き

材料

冷凍ストック

A 鶏ささみ
いそべ焼き
…1個

+

マヨネーズ…小さじ1
粉チーズ…小さじ½

作り方

❶ A 鶏ささみいそべ焼きは電子
レンジで1分ほど加熱し、食
べやすい大きさに切る。

❷ マヨネーズと粉チーズを混ぜ
て①の上に塗り、中温に熱し
たオーブントースターで焼き
色がつくまで焼く。

大根のみそ汁

材料

冷凍ストック

C 大根にんじん
…1個

+

だし汁…100mℓ　みそ…小さじ1

作り方

❶ 耐熱容器に C 大根にんじん、
だし汁を入れ、電子レンジで
2分ほど加熱し、みそを加え
て混ぜる。

コーンのバター炒め

材料

冷凍ストック

F バターコーン
…1個

作り方

❶ F バターコーンは電子レンジ
で20秒ほど加熱する。

ごはん …子ども用茶碗
1杯

大根のみそ汁

ごはん

コーンの
バター炒め

Merci Pour Votre

Gentillesse

マヨチーズを
加えて焼く
だけで、鶏肉が
違う味わいに

鶏ささみの
マヨチーズ焼き

トマトスープ

鶏がらスープ
を混ぜれば
チャーハン
風味に

ぶりのチャーハン

ぶりのチャーハン

材料

冷凍ストック

 B ぶりの
みそしょうが煮
…1個

 F バターコーン
…1個

＋

青ねぎ(小口切り)…小さじ1
顆粒鶏がらスープ…小さじ¼
塩、油…各少々　ごはん…子ども用茶碗1杯

作り方

❶ **B**ぶりのみそしょうが煮、**F**バターコーンは一緒に電子レンジで1分30秒ほど加熱する。ぶりはほぐす。

❷ フライパンに油を熱し、ごはん、①、青ねぎを入れて炒め、鶏がらスープと塩で味をつける。

トマトスープ

材料

冷凍ストック

 **D** なすトマト
…1個

＋

水…100mℓ

作り方

❶ 耐熱容器に**D**なすトマト、水を入れ、電子レンジで1分ほど加熱して混ぜる。

酢鶏

材料

冷凍ストック

 A 鶏ささみ
いそべ焼き
…1個

 C 大根にんじん
…1個

＋

A ┌ トマトケチャップ…小さじ½
　 ├ 酢…小さじ¼
　 └ 砂糖…小さじ½
油…小さじ1

作り方

❶ **A**鶏ささみいそべ焼き、**C**大根にんじんは一緒に電子レンジで1分30秒ほど加熱する。**A**を混ぜ合わせておく。

❷ 鍋に油を熱し、①の大根にんじんを炒める。

❸ ②に食べやすい大きさに切った①の鶏ささみいそべ焼きと**A**を加え、混ぜ合わせる。

マッシュポテト

材料

冷凍ストック

 E じゃがいもと
ブロッコリー
…1個

＋

マヨネーズ…小さじ1

作り方

❶ **E**じゃがいもとブロッコリーは電子レンジで30秒ほど加熱し、マヨネーズを加えて混ぜる。

ごはん …子ども用茶碗
1杯

マッシュポテト

ごはん

酢鶏

甘酸っぱい味は
子どもに人気

5週目の冷凍ストック

大きめの鶏だんごやしめじを使ったメニューを作りおきし、よくかむ機会をつくります。

Point
ウスターソースを少し加えると
トマトの酸味にコクが加わり、
おいしさがアップします。

牛肉と玉ねぎのトマト煮
ウスターソースが隠し味

材料（3回分）
牛薄切り肉(赤身)…120g　　ウスターソース…小さじ1弱
玉ねぎ…約1/4個(60g)　　　塩…少々
トマト水煮(缶詰)…150g　　油…適量

作り方
❶ 鍋に油を熱し、一口大に切った牛肉と薄切りにした玉ねぎを
　 炒める。
❷ 玉ねぎが透き通ったら、トマト水煮、ウスターソース、塩を
　 入れ、水分がなくなるまで煮込む。

冷凍のしかた

3等分してラップで包み、冷凍用
保存袋に入れて冷凍する。

Point
食べるときは、子どもに
「骨を探してみよう！」と
声がけをしてみましょう。

さわらのみそ焼き
くせが少ない魚で焼き魚に挑戦

材料（2回分）
さわら(切り身)…100g　　みりん…小さじ1
みそ…大さじ1

作り方
❶ みそ、みりんを混ぜ合わせたものに2等分に切ったさわら
　 を10分以上漬けておく。
❷ フライパンに❶を並べて、中まで火が通るまで両面を焼く。

冷凍のしかた

1切れずつラップで包み、冷凍用
保存袋に入れて冷凍する。

用意する
冷凍
ストック --->
Ⓐ 牛肉と玉ねぎの
トマト煮
Ⓑ さわらのみそ焼き
Ⓒ 鶏だんごと白菜
Ⓓ ブロッコリーと
カリフラワー
Ⓔ かぼちゃ
マッシュ
Ⓕ しめじ

鶏だんごと白菜
豆腐を加えたやわらかいだんご

材料（2回分）
鶏ひき肉…80g	酒…小さじ1
木綿豆腐…20g	塩…適量
白菜…40g	だし汁…200㎖
かたくり粉…小さじ¼	しょうゆ…小さじ½

作り方

❶ ボウルに鶏ひき肉、豆腐、かたくり粉、酒、塩少々を入れてねり、鶏だんごを4つ作る。

❷ だし汁にしょうゆ、塩少々を加え、食べやすい大きさに切った白菜と①を入れて火にかける。鶏だんごの中に火が通るまで煮る。

冷凍のしかた

2等分し（鶏だんご2個）、保存容器や、ラップで包み冷凍用保存袋に入れて冷凍する。

★ **Point** ★
豆腐を加えたやわらかい
鶏だんごなので、大きくても大丈夫。

ブロッコリーと
カリフラワー

くせの少ないつぼみ野菜を一緒に冷凍

材料（5回分）
ブロッコリー、カリフラワー…各小房3個（45g）

作り方

❶ ブロッコリーとカリフラワーは食べやすい大きさに切り、水小さじ1（材料外）をふり、電子レンジで2分ほど加熱する。

冷凍のしかた

5等分してラップで包み、冷凍用保存袋に入れて冷凍する。

★ **Point** ★
野菜が乾燥しないよう
水をふりかけてから
電子レンジ加熱するのを忘れずに。

57

冷凍ストック E

かぼちゃマッシュ
メニューの甘みづけに使える

材料（3回分）
かぼちゃ…90g

作り方
❶ かぼちゃは一口大に切り、電子レンジで2分ほど加熱し、つぶす。

冷凍のしかた
3等分してラップで包み、冷凍用保存袋に入れて冷凍する。

★ Point ★
かぼちゃをラップで包み、
麺棒などでつぶせばカンタンにマッシュになります。

冷凍ストック F

しめじ
かむ練習になる食材

材料（3回分）
しめじ…45g

作り方
❶ しめじは1～2cm長さに切る。

冷凍のしかた
3等分してラップで包み、冷凍用保存袋に入れて冷凍する。

★ Point ★
きのこ類は、冷凍保存すると
うまみが増します。
水洗いせずに冷凍しましょう。

冷凍ストック以外の食材

	月曜日	**火**曜日	**水**曜日	**木**曜日	**金**曜日	**土**曜日	**日**曜日
炭水化物	ごはん	ごはん	ごはん	スパゲティ	ごはん	ごはん	ごはん
たんぱく質			牛乳		ピザ用チーズ、絹豆腐	牛乳、ツナ水煮（缶詰）	
ビタミン・ミネラル							
調味料・油・その他	マヨネーズ	顆粒コンソメ、ゆかり	顆粒コンソメ	塩、顆粒コンソメ	だし汁、みそ	塩、顆粒鶏がらスープ、油	顆粒コンソメ、トマトケチャップ、かたくり粉、マヨネーズ

5週目の冷凍ストックで アレンジメニュー

幼児食にも慣れてくるころなので、
麺を主食にした献立も
取り入れました。
よくかんで食べさせましょう。

月曜日 →	火曜日 →	水曜日 →	木曜日 →	金曜日 →	土曜日 →	日曜日

牛肉と玉ねぎのトマト煮	さわらのみそ焼き	鶏だんごと白菜の煮物	牛肉と野菜のトマトスパゲティ	さわらのみそチーズ焼き	鶏だんごのかぼちゃクリーム煮	ハヤシライス
ブロッコリーとカリフラワーのサラダ	ブロッコリーとカリフラワーのスープ	かぼちゃのスープ	しめじのスープ	しめじのみそ汁	野菜とツナのピラフ	かぼちゃサラダ
ごはん	ゆかりごはん	ごはん		ごはん		

ブロッコリーと
カリフラワーのサラダ

ごはん

牛肉と
玉ねぎの
トマト煮

月
曜日
Monday

解凍
するだけの
超早メニュー

牛肉と玉ねぎのトマト煮

材料

冷凍ストック

 Ⓐ 牛肉と玉ねぎの
トマト煮
…1個

作り方

❶ Ⓐ牛肉と玉ねぎのトマト煮は
電子レンジで1分30秒ほど
加熱する。

ブロッコリーとカリフラワーのサラダ

材料

冷凍ストック

 Ⓓ ブロッコリーと
カリフラワー
…1個

➕

マヨネーズ…小さじ½

作り方

❶ Ⓓブロッコリーとカリフラワー
は電子レンジで30秒ほど加熱
し、マヨネーズであえる。

ごはん …子ども用茶碗1杯

59

ゆかりごはん

ブロッコリーと
カリフラワーのスープ

みその香りが
食欲を
そそります

さわらのみそ焼き

さわらのみそ焼き

材料

冷凍ストック

B さわらの
みそ焼き
… 1個

作り方

❶ B さわらのみそ焼きは電子レ
ンジで1分ほど加熱し、食べ
やすい大きさに切る。

ブロッコリーとカリフラワーのスープ

材料

冷凍ストック

D ブロッコリーと
カリフラワー
… 1個

＋

顆粒コンソメ…小さじ½
水…100mℓ

作り方

❶ 耐熱容器に D ブロッコリーと
カリフラワー、水を入れて電
子レンジで2分ほど加熱し、
コンソメを加えて混ぜる。

ゆかりごはん

材料

ごはん
…子ども用茶碗1杯
ゆかり…少々

作り方

❶ ごはんとゆかりを混ぜる。

鶏だんごと白菜の煮物

材料

冷凍ストック

C 鶏だんごと白菜
の煮物
… 1個

作り方

❶ C 鶏だんごと白菜の煮物は電
子レンジで1分30秒ほど加
熱する。

かぼちゃのスープ

材料

冷凍ストック

E かぼちゃマッシュ
… 1個

＋

牛乳…100mℓ
顆粒コンソメ…小さじ½

作り方

❶ E かぼちゃマッシュは電子レ
ンジで20秒ほど加熱して器に
入れ、温めた牛乳、コンソメ
を加えて混ぜる。

ごはん …子ども用茶碗1杯

かぼちゃのスープ

鶏だんごで
適量を
かじり取る
練習をしよう

ごはん　　　鶏だんごと白菜の煮物

木
曜日
Thursday

しめじのスープ

スパゲティは、半分に折ってゆでるか、キッチンばさみを使うとラク

牛肉と野菜の
トマトスパゲティ

牛肉と野菜のトマトスパゲティ

材料

冷凍ストック

Ⓐ 牛肉と玉ねぎの
トマト煮
…1個

Ⓓ ブロッコリーと
カリフラワー
…1個

＋

スパゲティ（ゆでたもの）…100g
塩…少々

作り方

① Ⓐ牛肉と玉ねぎのトマト煮、Ⓓブロッコリーとカリフラワーは一緒に電子レンジで2分ほど加熱して塩を加えて混ぜる。

② 食べやすいように切ったスパゲティを①に加えて混ぜる。

しめじのスープ

材料

冷凍ストック

 Ⓕ しめじ
…1個

＋

顆粒コンソメ…小さじ½
水…100mℓ

作り方

① 耐熱容器にⒻしめじ、水を入れて電子レンジで2分ほど加熱し、コンソメを加えて混ぜる。

さわらのみそチーズ焼き

材料

冷凍ストック

 Ⓑ さわらのみそ焼き
…1個

＋

ピザ用チーズ…大さじ1

作り方

① Ⓑさわらのみそ焼きは電子レンジで1分ほど加熱し、食べやすい大きさに切って耐熱容器に入れる。ピザ用チーズをのせる。

② 中温に熱したオーブントースターでチーズが溶けるまで焼く。

しめじのみそ汁

材料

冷凍ストック

 Ⓕ しめじ
…1個

＋

絹豆腐…30g
だし汁…100mℓ
みそ…小さじ1

作り方

① 耐熱容器にⒻしめじ、1cm角に切った豆腐、だし汁を入れて電子レンジで2分ほど加熱し、みそを加えて混ぜる。

ごはん …子ども用茶碗1杯

金
曜日
Friday

しめじのみそ汁

淡泊なさわらにみそチーズ味がマッチ

ごはん

さわらのみそチーズ焼き

鶏だんごの
かぼちゃクリーム煮

土
曜日
Saturday

かぼちゃと
牛乳で
鶏だんごが
クリーミーに

鶏だんごのかぼちゃクリーム煮

材料
冷凍ストック

 C 鶏だんごと
白菜の煮物
…1個

 E かぼちゃマッシュ
…1個

+

牛乳…100㎖　塩…少々

作り方
① 鍋に牛乳、**E** かぼちゃマッシュを入れて火にかけ、解凍する。
② **C** 鶏だんごと白菜の煮物を電子レンジで1分30秒ほど加熱し、①に加えて塩で味をととのえる。

野菜とツナのピラフ

材料
冷凍ストック

 D ブロッコリーと
カリフラワー
…1個

+

ツナ水煮（缶詰）…大さじ1
ごはん…子ども用茶碗1杯
顆粒鶏がらスープ
…小さじ1
油…少々

作り方
① **D** ブロッコリーとカリフラワーは電子レンジで30秒ほど加熱する。
② フライパンに油を熱し、ごはん、ツナ、①を入れて炒め、鶏がらスープで味をととのえる。

野菜とツナのピラフ

ハヤシライス

材料
冷凍ストック

 A 牛肉と玉ねぎの
トマト煮
…1個

 F しめじ
…1個

+

水…100㎖
顆粒コンソメ…小さじ½
トマトケチャップ…小さじ½
かたくり粉…小さじ2
ごはん…子ども用茶碗1杯

作り方
① 鍋に **A** 牛肉と玉ねぎのトマト煮、**F** しめじを入れて火にかける。解凍できたら、水、コンソメ、トマトケチャップを加えて少し煮る。倍量の水（材料外）で溶いたかたくり粉を加えてとろみがつくまで加熱する。
② ごはんに①をかける。

かぼちゃサラダ

材料
冷凍ストック

 D ブロッコリーと
カリフラワー
…1個

 E かぼちゃマッシュ
…1個

+

 マヨネーズ…小さじ½

作り方
① **D** ブロッコリーとカリフラワー、**E** かぼちゃマッシュは一緒に電子レンジで1分ほど加熱し、マヨネーズであえる。

日
曜日
Sunday

ハヤシライス

かぼちゃサラダ

ハヤシライスが
とってもカンタン
に作れちゃう

6週目の冷凍ストック

かみごたえのある豚のこま切れ肉や、パン粉をつけて焼いた鮭などを作りおきします。

用意する冷凍ストック ---▶

 Ⓐ 豚とマッシュルームのケチャップ煮

 Ⓑ 鮭のチーズ風味揚げ

 Ⓒ スナップえんどうとにんじん

 Ⓓ ハムキャベツ

 Ⓔ じゃがいもコーン

 Ⓕ 拍子木大根

冷凍ストック Ⓐ

★ Point ★
調味料を加えたら全体に水分が少なくなり、
とろみがつくまで煮ます。

豚とマッシュルームのケチャップ煮
子どもに人気のケチャップ味

材料（3回分）
豚こま切れ肉…120g
マッシュルーム（薄切り）
…8個（75g）
油…小さじ1

かたくり粉…小さじ1〜2

A ┌ トマトケチャップ、砂糖、酢
  │ …各大さじ1
  │ しょうゆ、顆粒鶏がらスープ、油
  └ …各小さじ1　水…100㎖

作り方
① 豚肉は食べやすい大きさに切り分け、かたくり粉をまぶす。
② 油を熱して①を炒め、色が変わったらマッシュルームを加えて炒める。全体に火が通ったら、合わせたAを加えて煮る。

冷凍のしかた

3等分してラップで包み、冷凍用保存袋に入れて冷凍する。

冷凍ストック Ⓑ

★ Point ★
小さめに切ると骨を取り除きやすくなります。
食べさせるときは、骨が残っていないか確認しましょう。

鮭のチーズ風味揚げ
骨なしサーモンでもOK

材料（3回分）
生鮭…2切れ（120g）　　粉チーズ…小さじ1　　揚げ油…適量
マヨネーズ…大さじ1　　パン粉…大さじ3

作り方
① 生鮭は骨を取り除き、2〜3等分に切る。
② ①にマヨネーズを塗り、粉チーズを混ぜたパン粉をふりかけたあと手で握って押さえ、しっかりパン粉をつける。
③ 揚げ油を中温に熱し、②の中まで火が通るまで揚げる。

冷凍のしかた

3等分してラップで包み、冷凍用保存袋に入れて冷凍する。

スナップえんどうと
にんじん
メニューの彩りを飾る野菜ストック

材料（3回分）
スナップえんどう…大6本（60g）
にんじん（6cm厚さの輪切り）…1個（60g）

作り方
❶ にんじんは四角い棒状に切って水からゆで、少しやわらかくなったらスナップえんどうを入れてゆでる。
❷ ①のスナップえんどうは斜め3つほどに切る。

| 冷凍のしかた |
3等分してラップで包み、冷凍用保存袋に入れて冷凍する。

★ **Point** ★
にんじんとスナップえんどうは
歯ごたえが残る程度にゆでましょう。

ハムキャベツ
汁物の具に使いやすいコンビ

材料（4回分）
キャベツ…100g
ハム…4枚（40g）

作り方
❶ キャベツはせん切りにし、軽くゆでる。
❷ ハムは湯をかけて塩抜きし、短冊切りにする。
❸ ①と②を合わせる。

| 冷凍のしかた |
4等分してラップで包み、冷凍用保存袋に入れて冷凍する。

Point
ハムは塩分が多いので、
湯をかけて塩抜きして使いましょう。

じゃがいもコーン

コーンの甘みでじゃがいもがおいしくなる

材料（5回分）
じゃがいも…小1個（120g）
ホールコーン（缶詰）…大さじ2（30g）

作り方
❶ じゃがいもは1cm厚さのいちょう切りにし、電子レンジで2分ほど加熱する。
❷ ①にホールコーンを加える。

> **冷凍のしかた**
> 5等分してラップで包み、冷凍用保存袋に入れて冷凍する。

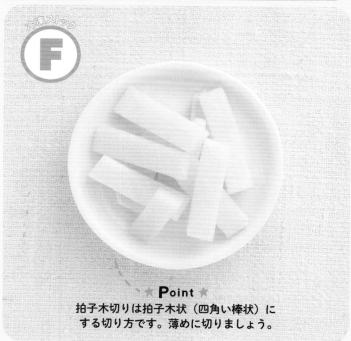

冷凍ストック **E**

Point ★
じゃがいもを冷凍する際は、
小さめや薄めに切るのがポイントです。

拍子木大根

冷凍すると火の通りが早い

材料（3回分）
大根（2cm厚さの輪切り）…1個（60g）

作り方
❶ 大根は拍子木切りにする。

> **冷凍のしかた**
> 4等分してラップで包み、冷凍用保存袋に入れて冷凍する。

冷凍ストック **F**

★ Point ★
拍子木切りは拍子木状（四角い棒状）に
する切り方です。薄めに切りましょう。

冷凍ストック以外の食材

	月曜日	**火**曜日	**水**曜日	**木**曜日	**金**曜日	**土**曜日	**日**曜日
炭水化物	ごはん	ごはん	ごはん	ごはん、マカロニ	ごはん	ごはん	ごはん
たんぱく質		牛乳		牛乳、ピザ用チーズ	ピザ用チーズ、牛乳	卵	木綿豆腐
ビタミン・ミネラル			青のり	のり			青のり
調味料・油・その他	バター、顆粒コンソメ	マヨネーズ、酢、砂糖、顆粒コンソメ	だし汁、みそ	顆粒鶏がらスープ	みそ、顆粒和風だし	だし汁、油、マヨネーズ	バター、みそ

6週目の冷凍ストックで アレンジメニュー

しっかりと味つけをしたおかずで、ごはんが進みやすい献立です。鮭の骨に気をつけて食べさせましょう。

月曜日 →	火曜日 →	水曜日 →	木曜日 →	金曜日 →	土曜日 →	日曜日

月曜日
豚スライスの
ケチャップ焼き
ポテト添え

ハムと
キャベツの
コンソメスープ

ごはん

火曜日
鮭の
チーズ風味揚げ

キャベツと
ハムのサラダ

じゃがいもの
クリームスープ

ごはん

水曜日
豚と野菜の
ケチャップ煮

大根と青のりの
みそ汁

ごはん

木曜日
鮭と野菜の
ポテトグラタン

野菜の
中華スープ

おにぎり

金曜日
豚と大根の
ケチャップ煮

じゃがいもと
コーンの
牛乳みそ汁

ごはん

土曜日
キャベツの
卵焼き

カラフル野菜の
混ぜごはん

日曜日
鮭ポテト

スナップえんどう
の白あえ

ごはん

ハムとキャベツの
コンソメスープ

厚みがある肉も
しっとりしていると
食べやすい

月曜日 Monday

豚スライスの
ケチャップ焼き
ポテト添え

ごはん

豚スライスのケチャップ焼きポテト添え

材料

冷凍ストック

Ⓐ 豚とマッシュルーム
のケチャップ煮
…1個

Ⓔ じゃがいもコーン
…1個

＋

バター…小さじ½

作り方

❶ Ⓐ 豚とマッシュルームのケチャップ煮は、電子レンジで1分30秒ほど加熱する。
❷ フライパンを熱し、Ⓔ じゃがいもコーンを入れて解凍し、バターを加えて炒める。
❸ ①に②を添える。

ハムとキャベツのコンソメスープ

材料

冷凍ストック

Ⓓ ハムキャベツ
…1個

＋

顆粒コンソメ…小さじ½
水…100mℓ

作り方

❶ 耐熱容器にⒹ ハムキャベツ、水を入れて電子レンジで2分ほど加熱し、コンソメを加えて混ぜる。

ごはん …子ども用茶碗1杯

じゃがいもの
クリームスープ

火
曜日
Tuesday

キャベツと
ハムのサラダ

ごはん

骨に注意。
ほぐしてから
食べさせて

鮭のパン粉チーズ焼き

鮭のチーズ風味揚げ

材料

冷凍ストック

B　鮭の
チーズ風味揚げ
…1個

作り方

❶ B 鮭のチーズ風味揚げは
電子レンジで1分30秒
ほど加熱し、食べやすい
大きさに切る。

キャベツとハムのサラダ

材料

冷凍ストック

D　ハムキャベツ
…1個

➕

マヨネーズ…小さじ1
酢…小さじ½　砂糖…小さじ⅓

作り方

❶ D ハムキャベツは電子レン
ジで30秒ほど加熱する。
❷ 酢と砂糖を混ぜ合わせ、
マヨネーズを加えて混ぜ
てから①をあえる。

じゃがいものクリームスープ

材料

冷凍ストック

E　じゃがいもコーン
…1個

➕

牛乳…100㎖
顆粒コンソメ…小さじ½

作り方

❶ E じゃがいもコーンは電子
レンジで30秒ほど加熱し、
じゃがいもをつぶす。
❷ 鍋に①を入れて加熱し、牛
乳を少しずつ加えてじゃが
いもを溶かしながら混ぜ、
コンソメで味をととのえる。

ごはん …子ども用茶碗1杯

豚と野菜のケチャップ煮

材料

冷凍ストック

A　豚とマッシュルーム
のケチャップ煮
…1個

C　スナップえんどう
とにんじん
…1個

作り方

❶ A 豚とマッシュルームのケチ
ャップ煮、 C スナップえんど
うとにんじんは一緒に電子レ
ンジで2分ほど加熱し、混ぜ
合わせる。

大根と青のりのみそ汁

材料

冷凍ストック

F　拍子木大根
…1個

➕

青のり…少々　だし汁…100㎖
みそ…小さじ1

作り方

❶ 耐熱容器に F 拍子木大根、だし
汁を入れて電子レンジで2分ほ
ど加熱し、みそを加えて混ぜ、
青のりをふる。

ごはん …子ども用茶碗1杯

大根と青のりのみそ汁

水
曜日
Wednesday

ケチャップ味で
たくさんの野菜も
食べられる

ごはん

豚と野菜のケチャップ煮

木曜日 Thursday

おにぎり

野菜の中華スープ

マカロニ入りだからおにぎりは小さめに

鮭と野菜のポテトグラタン

鮭と野菜のポテトグラタン

材料

冷凍ストック

 B 鮭の
チーズ風味揚げ
…1個

 E じゃがいもコーン
…1個

+

マカロニ（ゆでたもの）…50g
牛乳、ピザ用チーズ…各大さじ2

作り方

① **B**鮭のチーズ風味揚げ、**E**じゃがいもコーンは一緒に電子レンジで2分ほど加熱し、鮭はほぐし、じゃがいもは軽くつぶす。
② 耐熱皿にマカロニ、①、牛乳を入れ、ピザ用チーズをのせる。
③ 中温に熱したオーブントースターで焼き色をつける。

野菜の中華スープ

材料

冷凍ストック

 D ハムキャベツ
…1個

 F 拍子木大根
…1個

+

顆粒鶏がらスープ
…小さじ½
水…100ml

作り方

① 耐熱容器に**D**ハムキャベツ、**F**拍子木大根、水を入れて電子レンジで2分ほど加熱し、鶏がらスープを加えて混ぜる。

おにぎり

材料

ごはん…60g
のり（2×6cm）
…2枚

作り方

① ごはんを2等分し、俵形に握ってのりを巻く。2つ作る。

豚と大根のケチャップ煮

材料

冷凍ストック

 A 豚とマッシュルームのケチャップ煮
…1個

 **F** 拍子木大根
…2個

+

ピザ用チーズ…少々

作り方

① **A**豚とマッシュルームのケチャップ煮、**F**拍子木大根は一緒に電子レンジで2分ほど加熱し、混ぜ合わせる。
② ①にピザ用チーズをのせて、電子レンジで20秒ほど加熱する。

じゃがいもとコーンの牛乳みそ汁

材料

冷凍ストック

 E じゃがいもコーン
…1個

+

牛乳…100ml　みそ…小さじ1
顆粒和風だし…小さじ½

作り方

① **E**じゃがいもコーンは電子レンジで30秒ほど加熱する。
② 小鍋に牛乳、和風だしを入れて温め、みそを溶かし入れて、①を加えて混ぜる。

ごはん …子ども用茶碗1杯

金曜日 Friday

じゃがいもとコーンの牛乳みそ汁

ごはん

洋風おかずで大根が食べやすい

豚と大根のケチャップ煮

キャベツの卵焼き

カラフル野菜の混ぜごはん

隠し味の
マヨネーズで
野菜も
ペロリ！

キャベツの卵焼き

材料

冷凍ストック

D ハムキャベツ
…1個

＋

溶き卵…1個分
だし汁…大さじ1
油…適量

作り方

1 D ハムキャベツは電子レンジで30秒ほど加熱する。
2 卵にだし汁、①を加えて混ぜ、油を熱したフライパンで卵焼きを作り、中まで火を通す。食べやすい大きさに切り分ける。

カラフル野菜の混ぜごはん

材料

冷凍ストック

C スナップえんどうとにんじん
…1個

＋

ごはん…子ども用茶碗1杯
マヨネーズ…小さじ½

作り方

1 C スナップえんどうとにんじんは電子レンジで30秒ほど加熱して小さく切り、マヨネーズと混ぜる。
2 ごはんに①を混ぜ合わせる。

鮭ポテト

材料

冷凍ストック

B 鮭のチーズ風味揚げ
…1個

E じゃがいもコーン
…1個

バター…小さじ1
青のり…少々

作り方

1 B 鮭のチーズ風味揚げ、E じゃがいもコーンは一緒に電子レンジで2分ほど加熱する。鮭は3つに切り分ける。
2 フライパンにバターを熱し、①を炒め合わせ、青のりをふる。

スナップえんどうの白あえ

材料

冷凍ストック

C スナップえんどうとにんじん
…1個

＋

みそ…小さじ¼
木綿豆腐…大さじ2

作り方

1 C スナップえんどうとにんじんは電子レンジで30秒ほど加熱し、みそを混ぜる。
2 豆腐をくずして①をあえる。

ごはん …子ども用茶碗1杯

ごはん

スナップえんどう
の白あえ

鮭ポテト

チーズと
バターの風味で
ごはんが
進みそう

フリージング1品メニュー

たんぱく質食材をメインに使った主菜から、具材の入ったごはん系の主食、野菜たっぷりの副菜まで、
毎日の献立に役立つ「1品メニュー」をそろえました。
いずれもフリージングが可能です。解凍の際は1食分につき電子レンジで1分〜1分半（ごはんメニューは2分）
を目安に加熱してください。

メインのおかず

肉や魚、卵がメインのボリュームのあるおかず。手づかみやフォークで食べやすい形にしましょう。

| 冷凍のしかた | できあがりを4等分し、ラップで包んで冷凍用保存袋に入れて冷凍する。 |

アメリカンバーグ
個別に成形せずに切り分ければ時短に

材料（4食分）

豚ひき肉…160g　　牛乳…大さじ2
玉ねぎ…⅕個（40g）　パン粉…大さじ2
A ┌ トマトケチャップ…小さじ2　　トマトケチャップ…小さじ2
　├ ウスターソース…小さじ1　　ピザ用チーズ…適量
　└ 砂糖…小さじ½

作り方
① 玉ねぎはみじん切りにし、電子レンジで1分ほど加熱し、粗熱をとる。豚ひき肉にAと玉ねぎを入れてねる。
② ①に牛乳、パン粉を加えてよくねり、フライパンに入れて2cm厚さの形に整える。
③ 水大さじ1（材料外）を加えてふたをし、強火で3分焼いて裏返し、両面をじっくり焼く。
④ 肉に火が通ったら、上にトマトケチャップを薄く塗り、チーズをのせてふたをし、チーズが溶けたら火を止め、食べやすい大きさに切る。

| 冷凍のしかた | できあがりを4等分し、ラップで包んで冷凍用保存袋に入れて冷凍する。 |

青のり入りピカタ
溶き卵に青のりを入れて風味アップ

材料（4食分）

鶏むね肉…140g　　青のり…少々
小麦粉…大さじ1　　油…小さじ2
溶き卵…1個分　　トマトケチャップ…少々

作り方
① 鶏肉を一口大に切り、小麦粉をまぶす。
② 溶き卵に青のりを加えて混ぜる。
③ フライパンに油を熱し、①を②にくぐらせて入れ、両面を焼き、中まで火を通す。トマトケチャップを添える。

豚肉となすのみそ炒め
薄切り肉だから、1〜2才でもかみやすい

材料（4食分）
豚薄切り肉…160g
なす…小1本（80g）
玉ねぎ…½個（100g）
油…小さじ1
A［ だし汁…50mℓ
　　 みそ、みりん…各小さじ2

作り方
❶ なすは1cm厚さの半月切りにし、水にさらす。玉ねぎは薄切りに、豚肉は細切りにする。
❷ フライパンに油を熱し、①のなすと玉ねぎを炒める。しんなりしたら①の豚肉を加えて炒め、肉に火が通ったら、合わせたAを加えて味をととのえる。

| 冷凍のしかた | できあがりを4等分し、ラップで包んで冷凍用保存袋に入れて冷凍する。 |

スパニッシュオムレツ
マカロニを加えてボリュームアップ

材料（4食分）
マカロニ（ゆでたもの）…30g
卵…4個
赤パプリカ…¼個（35g）
玉ねぎ…30g
ほうれん草…30g
粉チーズ…小さじ2
塩…小さじ½
油…大さじ1

作り方
❶ パプリカ、玉ねぎ、ほうれん草はゆでてこまかく切る。
❷ 卵を割り、粉チーズと塩を加えて溶きほぐし、①とマカロニを加えて軽く混ぜる。
❸ フライパンに油を熱し、②を流し入れて軽くかき混ぜ、ふたをして弱火で焼く。卵に8割程度火が通ったら裏返し、中に火が通るまで焼く。食べやすい大きさに切り分ける。

| 冷凍のしかた | できあがりを4等分し、ラップで包んで冷凍保存用袋に入れて冷凍する。 |

じゃが豚ボール
じゃがいもと豚肉を合わせてから揚げに

材料（4食分）
豚こま切れ肉…200g
じゃがいも…1個（150g）
しょうゆ…大さじ1
酒…大さじ1
かたくり粉…小さじ4
揚げ油…適量

作り方
❶ じゃがいもは水でぬらし、ラップで包んで電子レンジで4分加熱し、つぶす。豚肉は長さ3cm程度に切る。
❷ ①、しょうゆ、酒、かたくり粉半量を混ぜ合わせる。
❸ ②を12等分して丸め、残りのかたくり粉をまぶして中温に熱した油で揚げ、中まで火を通す。食べやすい大きさに切り分ける。

| 冷凍のしかた | ③で切り分ける前に4等分し、ラップで包み冷凍用保存袋に入れて冷凍する。 |

鶏むね肉の照焼き
たれをまぶすからしっとりして食べやすい

材料(4食分)

鶏むね肉…160g	A しょうゆ…小さじ1
かたくり粉…大さじ1	砂糖…小さじ1
油…小さじ1	水…小さじ2

作り方

❶ 鶏肉を一口大に切り、かたくり粉をまぶし、油を熱したフライパンで焼く。片面がキツネ色になったら裏返し、水を大さじ2(材料外)加えてふたをし、弱火で蒸し焼きにする。
❷ ❶の中まで火が通ったら強火にし、合わせたAを加えてからめる。

冷凍のしかた できあがりを4等分し、ラップで包んで冷凍用保存袋に入れて冷凍する。

豚肉と小松菜の甘辛炒め
しょうがはチューブでもOK

材料(4食分)

豚薄切り肉(もも)…160g	A すりおろししょうが…少々
小松菜…3株(120g)	しょうゆ、砂糖、水
油…小さじ1	…各小さじ1

作り方

❶ 豚肉は一口大、小松菜は3cm幅に切る。
❷ フライパンに油を熱し、豚肉を炒めて色が変わってきたら小松菜を加えてやわらかくなるまで炒めて、Aを加えて味をつける。

冷凍のしかた できあがりを4等分し、ラップで包んで冷凍用保存袋に入れて冷凍する。

牛ひき肉のすき焼き風
味がしみた麩がおいしい

材料(4食分)

牛ひき肉…120g	だし汁…160㎖
麩…8個	砂糖…大さじ½
玉ねぎ…約⅓個(70g)	しょうゆ…小さじ1
小松菜…½株(20g)	油…適量

作り方

❶ 玉ねぎは薄切りにし、小松菜は長さ2cm程度に切る。
❷ 鍋に油を熱し、牛ひき肉を色が変わるまで炒め、だし汁、砂糖、しょうゆを加える。
❸ 沸騰したら❶を加え、肉に火が通り、野菜がやわらかくなるまで煮る。
❹ ちぎった麩を加えてさっと煮る。

冷凍のしかた できあがりを4等分し、冷凍用保存袋に入れて冷凍する。

揚げないコロッケ
パン粉を焦がさないように炒るのがポイント

材料（4食分）

豚ひき肉…160g　　　玉ねぎ…¼個（50g）
かぼちゃ…120g　　　塩…少々
※皮がきれいであれば皮つきでもOK　　パン粉…大さじ5

作り方

① かぼちゃは一口大に切り、電子レンジで3分ほど加熱する。玉ねぎはみじん切りにし、電子レンジで1分ほど加熱する。豚ひき肉は熱したフライパンでしっかりと中に火が通るまで炒めて取り出す。
② きれいにしたフライパンで、パン粉をきつね色になるまで炒る。
③ ①のかぼちゃをつぶし、①の玉ねぎ、豚ひき肉、塩を加えて混ぜ合わせる。
④ ③を8等分して俵型にし、②をまぶす。

冷凍のしかた	できあがりを4等分し、ラップで包んで冷凍用保存袋に入れて冷凍する。

鮭のチーズ焼き
鮭とチーズのうまみがマッチ

材料（4食分）

生鮭…200g
ピザ用チーズ…大さじ4
青ねぎ（小口切り）…少々
油…少々

作り方

① 鮭は余分な水けをふき取る。
② フライパンに油を熱し、中火で鮭を焼く。焼き色がついたら裏返してふたをし、裏面も焼いて中まで火を通す。
③ 鮭を表に返し、青ねぎとピザ用チーズをのせてふたをし、弱めの中火でチーズが溶けるまで2～3分加熱する。食べやすい大きさに切る。

冷凍のしかた	できあがりを4等分し、ラップで包んで冷凍用保存袋に入れて冷凍する。

たらのフリッター
骨に注意して食べよう

材料（4食分）　　　バッター液
たら…200g　　　┌ 溶き卵…1個分
揚げ油…適量　　　│ 牛乳…大さじ1
　　　　　　　　　│ 塩…少々
　　　　　　　　　└ かたくり粉、小麦粉…各大さじ2

作り方

① たらは骨と皮を取り除いて一口大に切る。
② バッター液の材料を混ぜ合わせる。
③ 油を中温に熱し、バッター液に①をくぐらせて入れ、きつね色になり、魚の中に火が通るまで5分ほど揚げる。

冷凍のしかた	できあがりを4等分し、ラップで包んで冷凍用保存袋に入れて冷凍する。

さばと根菜のみそ煮
調味された缶詰を使うから手軽

材料（4食分）
さばみそ煮（缶詰）…1缶（200g）　　玉ねぎ…½個（100g）
にんじん（4cm厚さの輪切り）　　　　水…100mℓ
…1個（40g）　　　　　　　　　　　油…少々

作り方
❶ にんじんは1cmのいちょう切り、玉ねぎは2cm四方の色紙切りにする。
❷ フライパンに油を熱し、にんじんと玉ねぎを炒める。
❸ 水とさばみそ煮を❷に汁ごと加えて、さばを食べやすくほぐしながら汁けが少なくなるまで炒める。

冷凍のしかた　できあがりを煮汁とともに4等分し、冷凍用保存袋に入れて冷凍する。

さわらのトマト煮
トマト味で魚が食べやすくなる

材料（4食分）
さわら…200g　　　　　　　　　　　油…少々
玉ねぎ…½個（100g）　　　　　　　水…200mℓ
おろしにんにく…チューブ1cm　　　塩…少々
ホールトマト（缶詰）…200g

作り方
❶ さわらは骨を取り、余分な水けをふき取る。
❷ フライパンに油を熱し、にんにく、薄切りにした玉ねぎを入れて軽く炒め、端に寄せる。あいたところにさわらを入れ、両面焼く。
❸ ❷にホールトマトと水を入れて混ぜ、トマトをつぶしながらさわらの中まで火が通るまで煮込み、塩で味をととのえる。
❹ ❸のさわらを食べやすい大きさに切り分ける。

冷凍のしかた　できあがりを4等分し、冷凍用保存袋に入れて冷凍する。

肉・魚・野菜を食べやすくする

★ Point 1 ★
魚はマヨネーズを使って
嫌いポイント解消

魚のくさみやパサパサ感は、子どもに嫌がられる大きな原因。解消方法として、魚の切り身に子どもの好きなマヨネーズをからめて調理するのも一案です。マヨネーズを使うと魚のくさみがほどよく抑えられ、ふっくら仕上がります。魚の水けをしっかりふき取るだけでもくさみを抑えることができます。

※マヨネーズは卵の加熱温度が低いため、卵アレルギーが心配な方は避けてください。

めかじきの甘辛だれ

スティック状にしてスナック風に

材料（4食分）

めかじき…200g
かたくり粉…大さじ2
油…大さじ2

たれ
しょうゆ…小さじ2
砂糖…小さじ2
水…小さじ1
黒すりごま…少々

作り方

❶ めかじきは食べやすい大きさの棒状に切り、余分な水けをふき取ってかたくり粉をまぶす。
❷ フライパンに油を熱し、①を中まで火が通るまで焼く。
❸ 油を切って、混ぜ合わせたたれをからめ、黒ごまをふる。

| 冷凍のしかた | 1本ずつラップで包んで1食分（2本）にまとめ冷凍用保存袋に入れて冷凍。 |

めかじきの酢豚風

かみやすいよう野菜は蒸し焼きに

材料（4食分）

めかじき…200g
にんじん（2cm厚さの輪切り）…1個（20g）
ピーマン…約½個（20g）

かたくり粉…大さじ1
揚げ油…適量
ごま油…少々
A トマトケチャップ…大さじ1
酢…小さじ1
しょうゆ…少々

作り方

❶ にんじんはいちょう切り、ピーマンは1cmほどの細切りにする。
❷ めかじきは2cmほどの乱切りにし、余分な水けをふき取り、かたくり粉をまぶす。
❸ 油を中温に熱し、②を揚げ焼きにする。
❹ フライパンにごま油を熱し、①のにんじんを炒める。大さじ2杯ほどの水（材料外）を加えてふたをし、にんじんがしんなりしたら、①のピーマンを加えてさっと炒め、Aで味をつける。
❺ ④に③を加えて合わせる。

| 冷凍のしかた | できあがりを4等分し、ラップで包んで冷凍用保存袋に入れて冷凍する。 |

調理ワンポイント

★ Point 2 ★
薄切り肉は
重ねたり巻いたりすると◎

薄切り肉は、子どもにはかみ切りにくいので、嫌がられることもあります。その場合は、重ねて使ったり、野菜などを芯にして薄切り肉でくるくると巻いてみましょう。ある程度の厚みがあるほうがかみやすく、食べやすくなります。子どもの好きな味つけで焼いてあげるとさらによいですね。

★ Point 3 ★
野菜は食感を
カリカリにする

子どもはから揚げやフライドポテトが好きです。そこで、野菜が苦手な子におすすめなのが、フライドにんじんや、フライド大根。にんじんや大根をスティック状に切り、小麦粉やかたくり粉をつけてカリカリに揚げて、少量の塩をふるだけ。カリカリ食感を気に入る子は多いので、試してみてください。

野菜のおかず

副菜となる野菜中心のおかずです。
P82〜83のごはんメニューにプラスすれば、1食分の献立になります。

| 冷凍のしかた | できあがりを4等分し、ラップで包んで冷凍用保存袋に入れて冷凍する。 |

ブロッコリーのごまがらめ

黒ごまとごま油の風味がきいている

材料（4食分）
ブロッコリー…小房10個（140g）
黒すりごま…大さじ1と½
しょうゆ…小さじ1
ごま油…小さじ1

作り方
❶ ブロッコリーは、食べやすい大きさにしてゆでる。
❷ しょうゆとごま油を混ぜ合わて①にからめ、黒ごまをまぶす。

| 冷凍のしかた | できあがりを4等分し、ラップで包んで冷凍用保存袋に入れて冷凍する。 |

カリフラワーのフリッター

衣をつけると野菜が食べやすくなる

材料（4食分）
カリフラワー…小房10個（140g）
バッター液
- **溶き卵**…1個分
- **牛乳**…大さじ1
- **塩**…小さじ½
- **かたくり粉**…大さじ2
- **小麦粉**…大さじ2
- **青のり**…小さじ½

揚げ油…適量

作り方
❶ カリフラワーは、食べやすい大きさにして電子レンジで1分30秒ほど加熱し、水けをきっておく。
❷ バッター液の材料を混ぜる。
❸ 揚げ油を中温に熱し、①を②にくぐらせて入れ、揚げる。

にんじんしりしり
にんじんの甘みが感じられる

材料（4食分）
ツナ（油漬け缶詰）…1缶（70g）
にんじん（14cm厚さの輪切り）…1個（140g）
水…100mℓ
しょうゆ…小さじ½

作り方
❶ にんじんはせん切りにする。
❷ フライパンに、にんじんとツナを油ごと入れて炒め、水を加えてふたをし、蒸し焼きにする。
❸ しょうゆを加えて味をととのえる。

冷凍のしかた｜できあがりを4等分し、ラップで包んで冷凍用保存袋に入れて冷凍する。

コロコロ野菜のトマト煮
ベーコンの塩けで野菜が甘くなる

材料（4食分）
ベーコン…16g
にんじん（3cm厚さの輪切り）…1個（30g）
玉ねぎ…約¼個（60g）
トマト…約¼個（60g）
油…小さじ2
水…200mℓ

作り方
❶ にんじん、玉ねぎ、トマトを1cm角のさいの目切りに、ベーコンは細切りにする。
❷ フライパンに油を熱し、①を入れて炒める。少し火が通ったら水を入れて落としぶたをし、汁けがなくなるまで煮る。

冷凍のしかた｜できあがりを4等分し、ラップで包んで冷凍用保存袋に入れて冷凍する。

ズッキーニのパン粉焼き
カリッとした食感で食べやすい

材料（4食分）
ズッキーニ…150g
パン粉…大さじ3
粉チーズ…小さじ1
マヨネーズ…大さじ1
油…大さじ1

作り方
❶ パン粉と粉チーズを混ぜておく。
❷ ズッキーニの皮をしま目にむき、1cm厚さの輪切りにする。
❸ マヨネーズを両面に塗り、①をまぶしつける。
❹ フライパンに油を熱して③を入れ、両面に焼き色がつくまで焼く。

冷凍のしかた｜できあがりを4等分し、ラップで包んで冷凍用保存袋に入れて冷凍する。

| 冷凍のしかた | できあがりを4等分し、ラップで包んで冷凍用保存袋に入れて冷凍する。 |

切り干し大根とピーマンの ケチャップ炒め

かみごたえのある切り干し大根に挑戦

材料（4食分）
切り干し大根（乾燥）…25g
ピーマン…小1個弱（35g）
顆粒鶏がらスープ…小さじ1
水…200mℓ
トマトケチャップ…小さじ2

作り方
① 切り干し大根は水につけてもどし、水けをきって4cm長さに切る。ピーマンは薄切りにする。
② フライパンで①を軽く炒め、鶏がらスープと水を入れて煮る。
③ 汁けがなくなり具材がやわらかくなったらトマトケチャップで味をととのえる。

ほうれん草とベーコンの ケチャップソテー

ベーコンでほうれん草が食べやすくなる

材料（4食分）
ベーコン…40g
ほうれん草…約4株（150g）
トマトケチャップ…小さじ2

作り方
① ほうれん草はゆでて3cm長さに切り、水けをかたく絞る。ベーコンは1cm幅に切る。
② フライパンに①のベーコンを入れて炒め、脂が出たら①のほうれん草を加えて炒める。
③ トマトケチャップで味をつける。

| 冷凍のしかた | できあがりを4等分し、ラップで包んで冷凍用保存袋に入れて冷凍する。 |

| 冷凍のしかた | 白ごまをふる前に4等分し、ラップで包んで冷凍用保存袋に入れて冷凍する。 |

キャベツとにんじんのナムル

ごま油とごまの風味がきいている

材料（4食分）
キャベツ…100g
にんじん（5cm厚さの輪切り）…1個（50g）
ごま油、白いりごま…各小さじ1
塩…少々

作り方
① キャベツは細切り、にんじんは5cm長さのせん切りにしてゆで、水けを絞る。
② ①をボウルに入れ、ごま油、塩を加えて軽くもむ。器に盛り、白ごまをふる。

ピーマンのおかかあえ

しっかり味でピーマンの苦みを抑えて

材料（4食分）
ピーマン…約2と1/2個（120g）　しょうゆ…小さじ1と1/2
ごま油…小さじ1　　　　　　　砂糖…小さじ1
だし汁…150ml　　　　　　　かつおぶし…3g

作り方
❶ ピーマンは縦半分に切り、繊維を断ち切るように横にせん切りにする。
❷ フライパンにごま油を熱し、①を炒める。しんなりしたらだし汁を加えて煮る。
❸ ピーマンがやわらかくなったら、しょうゆ、砂糖を加えて煮つめる。かつおぶしをまぶす。

| 冷凍のしかた | できあがりを4等分し、ラップで包んで冷凍用保存袋に入れて冷凍する。 |

キャベツの煮びたし

かむほどに味わえる油あげ入り

材料（4食分）
油あげ…1枚（20g）　　だし汁…300ml
キャベツ…150g　　　　しょうゆ…小さじ1/2
　　　　　　　　　　　かつおぶし…適量

作り方
❶ キャベツは色紙切りにし、油あげは短冊切りにする。
❷ 鍋に①、だし汁を入れて火にかけ、汁がかなり少なくなるまで煮る。
❸ しょうゆを入れてひと煮立ちさせたら、火を止め、かつおぶしを少しずつ入れてまぶす。

| 冷凍のしかた | できあがりを4等分し、冷凍用保存袋に入れて冷凍する。 |

大豆のトマト煮

いろいろな食感が楽しめる

材料（4食分）
大豆（水煮）…30g　　　ズッキーニ…50g
トマト…3/4個（150g）　油…小さじ1
玉ねぎ…1/4個（50g）　 顆粒コンソメ…小さじ1/2
　　　　　　　　　　　トマトケチャップ…小さじ1

作り方
❶ トマトは皮をむいて大きめの角切り、玉ねぎは薄切り、ズッキーニは1cm角に切る。大豆は軽くつぶす。
❷ フライパンに油を熱し、玉ねぎとズッキーニを炒める。しんなりしたらトマトを加えてソース状になるまで加熱し、大豆、コンソメ、トマトケチャップを加えて煮る。

| 冷凍のしかた | できあがりを4等分し、冷凍用保存袋に入れて冷凍する。 |

かぼちゃのひじきおやき
おやつにもおすすめのメニュー

材料（1食分2枚×4）
かぼちゃ…200g
ひじき水煮…15g
バター…小さじ1

作り方
❶ かぼちゃは一口大に切り、電子レンジで3分ほど加熱し、つぶす。
❷ ①の粗熱がとれたらひじき水煮を混ぜ、8等分にして平たい円形に成形する。
❸ フライパンにバターを熱し、②の両面を焼く。

冷凍のしかた | 1枚ずつラップで包んで1食分（2枚）にまとめ、冷凍用保存袋に入れて冷凍。

なすのみそ煮
皮もやわらかくなるようじっくり煮て

材料（4食分）
なす…小2本(160g)
油…小さじ2

A
┌ **みそ**…小さじ1
├ **砂糖**…小さじ1
└ **水**…大さじ3

作り方
❶ なすは2cm角に切り、水にさらす。
❷ フライパンに油を熱し、水けをきった①を炒める。しんなりしたら、合わせたAを加えて煮つめる。

冷凍のしかた | できあがりを4等分し、ラップで包んで冷凍用保存袋に入れて冷凍する。

アスパラのごまあえ
食べやすいようアスパラは斜め切りに

材料（4食分）
グリーンアスパラガス…80g
赤パプリカ…約½個(60g)
白すりごま…小さじ2

しょうゆ…小さじ1
砂糖…小さじ½

作り方
❶ アスパラガスは斜め薄切りにし、パプリカはアスパラと同じくらいの大きさに切り、やわらかくなるまでゆでる。
❷ 白ごま、しょうゆ、砂糖を混ぜ合わせて①をあえる。

冷凍のしかた | できあがりを4等分し、ラップで包んで冷凍用保存袋に入れて冷凍する。

さつまいもとりんごの重ね煮
やさしい甘さで子どもに人気

材料（4食分）
さつまいも…160g
りんご…100g

作り方
❶ さつまいもとりんごは1cm厚さのいちょう切りにする。さつまいもは水にさらす。
❷ ①のさつまいもを水からゆで、8割程度火が通ったら、さつまいもが1cm程度ひたるくらいまでにゆで汁を減らし、りんごを加えて食べやすいかたさになるまで煮る。

冷凍のしかた	できあがりを4等分し、冷凍用保存袋に入れて冷凍する。

さといもの煮物
冷凍さといもを使っても OK

材料（4食分）
鶏もも肉…50g　　　　　　**油**…小さじ1
さといも…120g　　　　　**だし汁**…100mℓ
にんじん（4cm厚さの輪切り）　　**しょうゆ、みりん**…各小さじ1
…1個（40g）

作り方
❶ さといもは一口大に切り、にんじんは小さい乱切りにしてどちらも8割程度火が通るまでゆでる。
❷ 鍋に油を熱し、皮を取り除き2cm大に切った鶏肉を炒める。色が変わったら、①とだし汁、しょうゆ、みりんを加えて汁けがなくなるまで煮つめる。

冷凍のしかた	できあがりを4等分し、ラップで包んで冷凍用保存袋に入れて冷凍する。

パプリカポタージュ
パプリカが入ってほんのり甘い

材料（4食分）
牛乳…200mℓ　　　　　**顆粒コンソメ**…小さじ½
赤パプリカ…約1個（150g）

作り方
❶ パプリカは4〜8等分に切り、やわらかくなるまでゆでてすりつぶす。皮は取り除く。
❷ 鍋に①と牛乳とコンソメを入れて火にかけ、軽く沸騰させる。

冷凍のしかた	できあがりを4等分し、冷凍用保存袋に入れて冷凍する。

ごはんメニュー

味のついている炊き込みごはんは子どもに人気。
炊飯器に材料を入れて炊くだけだから、とてもカンタンに作れます。

鯛ピラフ
カラフルな見た目が食欲をそそる

材料（4食分）
米…1合
鯛（刺身）…10切れ（100g）
ミックスベジタブル（冷凍）…90g
バター…5g
顆粒コンソメ…小さじ½
水…180mℓ

作り方
① 米をといで炊飯器に入れ、水を加えて30分おく。
② ①に鯛、ミックスベジタブル、バター、コンソメを入れて混ぜ、炊飯する。

| 冷凍のしかた | できあがりを4等分し、ラップで包んで冷凍用保存袋に入れて冷凍する。 |

カレーピラフの炊き込みごはん
子どもの好きなカレー味

材料（4食分）
米…1合　　　　　**玉ねぎ**…⅕個（40g）
鶏ささみ…100g　　**カレー粉**…3g
トマト…¼個（50g）　**顆粒コンソメ**…小さじ1
　　　　　　　　　　水…130mℓ

作り方
① 米をといで炊飯器に入れ、水を加えて30分おく。
② 鶏ささみは一口大に切り、トマトはざく切り、玉ねぎは粗みじん切りにする。
③ ①に②、カレー粉、コンソメを入れて混ぜ、炊飯する。

| 冷凍のしかた | できあがりを4等分し、ラップで包んで冷凍用保存袋に入れて冷凍する。 |

しらすとにんじんの
炊き込みごはん

しらすの塩けのみの薄味仕立て

材料（4食分）
米…1合　　　　　　白いりごま…小さじ1
しらす干し…100g　水…180㎖
にんじん（9㎝厚さの輪切り）
…1個（90g）

作り方
❶ 米をといで炊飯器に入れ、水を加えて30分おく。
❷ にんじんは5㎝長さのせん切りにする。
❸ ①に②、しらす干しを入れて混ぜ、炊飯する。器に盛り、白ごまをふる。

冷凍のしかた	できあがりを4等分し、ラップで包んで冷凍用保存袋に入れて冷凍する。

きなこの
炊き込みごはん

きなこの香ばしさが口に広がる

材料（4食分）
米…1合　　　　　　きなこ…大さじ3
青ねぎ…40g　　　　塩昆布…5g
玉ねぎ…¼個（50g）水…180㎖

作り方
❶ 米をといで炊飯器に入れ、水を加えて30分おく。
❷ 青ねぎは小口切り、玉ねぎはみじん切りにする。
❸ ①に②、きなこ、塩昆布を入れて混ぜ、炊飯する。

冷凍のしかた	できあがりを4等分し、ラップで包んで冷凍用保存袋に入れて冷凍する。

ごはんの冷凍・解凍ワンポイント

★ Point 1 ★
ごはんは炊きたてを
ラップで包み、平たくして冷凍する

　炊き込みごはんを冷凍するときは、炊きたてを1食分ずつラップでぴっちり包むのがポイント。蒸気が水分としてラップ内に残り、解凍時の乾燥を防ぐことができます。また、ラップで包むときはなるべく均一な厚さの平たい形にすると、温めむらを防ぎやすくなります。常温において粗熱がとれるのを待ってから、冷凍室に入れましょう。

★ Point 2 ★
ごはんは2段階加熱で
解凍するとおいしくなる

　冷凍した炊き込みごはんを食べるとき、ラップで包んだまま温かくなるまで加熱すると、べちゃっとした状態になりがちです。まずはラップで包んだまま電子レンジで軽く1分ほど加熱し、ラップをはずします。耐熱容器に移し、軽くほぐしてからラップをかけて再び電子レンジで1分ほど加熱します。こうすると、適度に水分が抜けておいしく解凍できます。

炭水化物、たんぱく質、ビタミン・ミネラルがしっかりとれるごはんやパスタなどのワンプレートメニュー。
冷凍しておけば、いろいろな料理にアレンジできます。
冷凍ストックとそのストックを使ったワンプレートのレシピを紹介します。

冷凍ストックメニュー①

5種の野菜のミートソース
野菜ときのこのうまみがたっぷり

材料(4食分)
豚ひき肉…200g
マッシュルーム…6個(60g)
玉ねぎ…½個(100g)
にんじん(5cm厚さの輪切り)…1個(50g)
トマト水煮(缶詰)…350g
トマトケチャップ…大さじ1
顆粒コンソメ…大さじ1
砂糖…小さじ1

作り方
❶ マッシュルームはカサが汚れている場合はふき、玉ねぎ、にんじんとともにみじん切りにする。
❷ フライパンを熱し、豚ひき肉、①を入れて炒め、肉の色が変わったら、トマト水煮、トマトケチャップ、コンソメ、砂糖を加えてさらに炒め、汁けが少なくなるまで煮つめる。

冷凍のしかた

4等分し、保存容器に入れて冷凍する。またはラップで包み、冷凍用保存袋に入れて冷凍する。

★Point★
一皿メニューだけでは栄養が偏る？

スパゲティやカレーなどのワンプレートメニューばかりの食事は、栄養バランスが偏るイメージがあるかもしれません。しかし、肉や魚、野菜類がしっかり入っていれば、それは栄養バランスのよい献立の基本「一汁二菜」と同じともいえるので、まったく問題ありません。ただ、毎日ワンプレートばかりだと、品数が少ない分かむ回数が減りがちなので、かむ力が育ちにくくなります。しっかりかめる食材を使いましょう。

5種の野菜のミートソースをアレンジ

arrange 1
ミートソース パスタ

材料（1食分）
5種の野菜のミートソース…1個
スパゲティ（乾燥）…50g
粉チーズ…少々

作り方
① スパゲティは半分に折り、指定のゆで時間よりも1分長めにゆでて器に盛る。
② 5種の野菜のミートソースを電子レンジで2分ほど加熱して①にのせ、粉チーズをかける。

パスタをゆでればすぐできる！

arrange 2
タコライス

材料（1食分）
5種の野菜のミートソース…1個
ごはん…子ども用茶碗1杯
レタス…10g
ピザ用チーズ…大さじ1

作り方
① 5種の野菜のミートソースは電子レンジで2分ほど加熱する。
② ごはんを器に盛り、ざく切りにしたレタス、ピザ用チーズ、①の順にのせる。

※具材やごはんが温かいうちに混ぜてチーズを溶かして食べましょう。

本格的なタコライスも時短で！

野菜とハムの
冷凍ミックス
生野菜とハムを切って合わせるだけ

材料（4食分）
ハム…14枚（140g）   にんじん（5㎝厚さの輪切り）…1個（50g）
キャベツ…80g   ピーマン…小1と½個（60g）
玉ねぎ…½個（100g）

作り方
ハム、キャベツは短冊切り、玉ねぎは薄切り、にんじん、
ピーマンは細切りにして合わせる。

冷凍のしかた

4等分して冷凍用保存袋に入れて
生のまま冷凍する。

★Point★
生野菜の冷凍で時短調理

水分を多く含む生野菜は、冷凍すると水分が凍って組織や細胞が壊れてしんなりしてしまうため、冷凍には向かないものが多いといわれます。しかし、組織や細胞が壊れるということは、解凍するだけでゆでた状態のようなやわらかさになり、加熱の際も、短時間でやわらかくなるということ。野菜の繊維質がまだ食べにくい幼児食の時期は、食感の変化は逆にメリットになります。ラク&時短で調理ができるので、おすすめです。

野菜とハムの冷凍ミックスをアレンジ

arrange 1
焼きそば

材料（1食分）
野菜とハムの冷凍ミックス…1個
中華麺(蒸し)…100g

A
- **ウスターソース**…小さじ2
- **しょうゆ**…小さじ½
- **トマトケチャップ**…小さじ1
- **水**…小さじ2

油…小さじ1

作り方
❶ フライパンに油を熱し、野菜とハムの冷凍ミックスを入れ、野菜がすべてしんなりするまで炒める（水分がたりなければ少し水分を補いながら炒める）。
❷ ①に中華麺をほぐしながら入れて炒め、Aを混ぜ合わせて加え、炒め合わせる。

麺はよくカミカミするよう促して

arrange 2
チャーハン

材料（1食分）
野菜とハムの冷凍ミックス…1個
ごはん…子ども用茶碗1杯
顆粒鶏がらスープ…小さじ1
ごま油…適量

作り方
❶ フライパンに野菜とハムの冷凍ミックスを入れて野菜がすべてしんなりするまで炒める。
❷ ①をこまかく切る。
❸ フライパンにごま油を熱し、ごはんをほぐしながら炒め、②と鶏がらスープを加えて炒め合わせる。

冷凍野菜だから火が通りやすい

お湯や牛乳をそそぐだけ！
冷凍「スープ玉」レシピ

カンタンにストックできて、すぐ用意できる汁物の冷凍ストックとアレンジのしかたを解説します。

汁物はもちろん料理にも使えます

汁物がほしいと思ったときに、すぐ作れる汁物用の冷凍ストック「スープ玉」は、とっても便利。具材や調味料を替えればアレンジでき、味つけも具材の大きさやかたさも子どもの成長に合わせて調節ができます。汁物以外の料理にも活用できますし、大人が少しだけ汁物をほしいときにも使えるので、多めに作って冷凍しておくと、重宝します。

スープ玉の作り方
調理した具材に調味料を混ぜるだけ

具材を切って炒め、和風なら和風だし+みそを加える、洋風なら顆粒コンソメを加えて混ぜる、ポタージュならミキサーにかけるのが基本の作り方。あとは1食分をラップで包むなどして冷凍するだけでできあがりです。

みそが入っているとラップで丸い形にしやすいです。顆粒コンソメを加える洋風のタイプは、冷凍用保存袋などに入れて冷凍します。

〈和風〉 　〈洋風〉

スープ玉を食べるとき
食べるときは湯か温めた牛乳をそそいで

1食分のスープ玉を電子レンジで40秒ほど加熱し、熱湯か温めた牛乳をそそいで混ぜます。または深めの耐熱容器に1食分のスープ玉と水を入れて、電子レンジで1分20秒ほど加熱してもOK。

スープ玉を使ったアレンジレシピ

ごはんやパスタと

和風のスープ玉1食分を電子レンジで20秒ほど加熱し、ごはんと炒めればチャーハンに。洋風スープ玉やポタージュは、ゆでたスパゲティと混ぜれば、パスタになります。

魚のホイル焼きに

鮭などの白身魚の切り身にスープ玉（和風、洋風どちらでも）をのせて、ホイルに包んでオーブントースターで魚に火が通るまで焼くと、スープ玉がソースの代わりになります。

じゃがいもや厚揚げと

細切りにしたじゃがいも、または油抜きして一口大に切った厚揚げとスープ玉（和風、洋風どちらでも）を少量の油を熱したフライパンで炒めれば、炒め物が1品作れます。

スープ玉レシピと食べ方

みそベースの和風スープ玉、コンソメベースの洋風スープ玉、ミキサーでなめらかにしたポタージュの3タイプを紹介します。

定番のみそ汁が
すぐできる

ほうれん草とおあげのみそ玉

材料（4食分）
ほうれん草…2株(80g)
油あげ…10g
顆粒和風だし…小さじ2
みそ…小さじ4

作り方
❶ ほうれん草はゆでて細かく刻む。油あげは湯をかけて油抜きし、1cm四方に切る。
❷ 和風だしとみそを合わせ、①を加えて混ぜる。

冷凍のしかた	4等分してラップで包み、冷凍用保存袋に入れて冷凍する。

食べるとき　熱湯100mlをそそいで混ぜる。

ひき肉と根菜のみそ玉

材料（4食分）
豚ひき肉…60g　　大根…40g
ごぼう…30g　　　ごま油…小さじ1
にんじん　　　　　顆粒和風だし
（3cm厚さの輪切り）　…小さじ2
…1個(30g)　　　みそ…小さじ4

作り方
❶ ごぼう、にんじん、大根は細切りにする。
❷ フライパンにごま油を熱し、豚ひき肉と①をしんなりするまで炒める。
❸ 和風だしとみそを合わせ、②を加えて混ぜる。

冷凍のしかた	4等分してラップで包み、冷凍用保存袋に入れて冷凍する。

食べるとき　熱湯100mlをそそいで混ぜる。

ひき肉を使った
幼児向け豚汁

キャベツたっぷり コンソメスープ玉

材料(4食分)
キャベツ…40g
にんじん
(2cm厚さの輪切り)
…1個(20g)
玉ねぎ…20g
油…小さじ2 **水**…大さじ3
顆粒コンソメ…小さじ2

作り方
❶ キャベツ、玉ねぎは1〜2cm四方に切る。にんじんは薄切りにしてから、3cm長さの細切りにする。
❷ フライパンに油を熱し、①と水、コンソメを入れて野菜がしんなりするまで炒める。

| 冷凍のしかた | 4等分してラップで包み、冷凍用保存袋に入れて冷凍する。 |

食べるとき 熱湯100mlをそそいで混ぜる。

炒めてあるから
野菜が食べやすい

クリーミーで
飲みやすい

チンゲン菜とベーコンの コンソメミルクスープ玉

材料(4食分)
チンゲン菜…80g
玉ねぎ…1/5個(40g)
ベーコン…20g
顆粒コンソメ
…小さじ1と1/2
油…小さじ2

作り方
❶ チンゲン菜、玉ねぎ、ベーコンは1.5cm四方に切る。
❷ フライパンに油を熱し、①とコンソメを入れて野菜がしんなりするまで炒める。

| 冷凍のしかた | 4等分してラップで包み、冷凍用保存袋に入れて冷凍する。 |

食べるとき 温めた牛乳100mlをそそいで混ぜる。

ミネストローネスープ玉

材料(4食分)
玉ねぎ…80g
にんじん(4cm厚さの輪切り)
…1個(40g)
黄パプリカ…1/7個(20g)
しめじ…20g
トマトペースト…大さじ1
顆粒コンソメ…小さじ2
油…小さじ2

作り方
❶ 耐熱容器に1.5cm角に切った玉ねぎ、にんじん、パプリカ、しめじを入れ、電子レンジで2分ほど加熱する。
❷ フライパンに油を熱し、①がやわらかくなるまで炒め、コンソメ、トマトペーストも入れて炒める。

| 冷凍のしかた | 4等分してラップで包み、冷凍用保存袋に入れて冷凍する。 |

食べるとき 熱湯100mlをそそいで混ぜる。

野菜たっぷり
ビタミン補給に

バターのコクで
おいしさアップ

ポタージュ

 # ブロッコリーポタージュ玉

材料（4食分）
玉ねぎ…80g
ブロッコリー
…小房5個（75g）
顆粒コンソメ…小さじ1
バター…小さじ1
牛乳…50mℓ

作り方
❶ ブロッコリーはゆでる。
❷ フライパンにバターを熱し、薄切りにした玉ねぎ、コンソメを入れて炒める。
❸ ①、②、牛乳を合わせ、ブレンダーやミキサーでかくはんする。

冷凍のしかた	4等分し、冷凍用の小分け容器に入れて冷凍する。

食べるとき 電子レンジで40秒加熱し、温めた牛乳50mℓをそそいで混ぜる。

 # 白菜の和風ポタージュ玉

材料（4食分）
玉ねぎ…80g
白菜…80g
顆粒和風だし…小さじ2
みそ…大さじ1
油…小さじ1
牛乳…20mℓ

作り方
❶ 玉ねぎ、白菜は2cm四方のざく切りにする。
❷ フライパンに油を熱し、①を炒め、和風だし、みそを加えて軽く炒める。
❸ ②と牛乳を合わせ、ブレンダーやミキサーでかくはんする。

冷凍のしかた	4等分し、冷凍用の小分け容器に入れて冷凍する。

食べるとき 電子レンジで40秒加熱し、熱湯40mℓをそそいで混ぜる。

野菜の味にみそ＆
牛乳がマッチ

コーンとにんじんで
やさしい風味

ポタージュ

 # コーンにんじん
ポタージュ玉

材料（4食分）
にんじん
（8cm厚さの輪切り）
…1個（80g）
クリームコーン（缶詰）
…80g
顆粒コンソメ…小さじ2

作り方
❶ にんじんは1cm厚さの輪切りにし、水からやわらかくなるまでゆでる。
❷ ①とクリームコーンをブレンダーやミキサーでかくはんして鍋に入れ、コンソメを加えて煮立たせる。

冷凍のしかた	4等分し、冷凍用の小分け容器に入れて冷凍する。

食べるとき 電子レンジで40秒加熱し、温めた牛乳60mℓをそそいで混ぜる。

ラクチン 朝ごはん レシピ

Good morning!

冷凍ストックを活用すると、
あわただしい朝でもカンタンに朝ごはんが作れます。
前期・後期の両方使えて子どもも食べやすい
朝ごはんレシピを3種類紹介します。

1品で栄養がとれる カンタンレシピがおすすめ

朝ごはんはしっかり食べてほしいけれど、あわただしくて用意が難しいのも実情です。また、朝からたくさん食べられる子もいれば、朝は食欲がないという子もいます。食欲がわかないと、1品だけでおなかいっぱいになってしまいがちです。

そこでおすすめなのが、定番のパンやおにぎりに具材をプラスするレシピ。手づかみで食べやすく、1品で栄養もしっかりとれます。時間があれば、果物や牛乳などを加えれば、なおGOOD。冷凍ストックを活用すれば、用意もカンタンです。

朝ごはんをとると…

生活リズムが整い 元気に活動できる

毎日朝ごはんを食べると、生活リズムが整い、体をしっかり動かすためにも役立ちます。子どもが午前中から元気に活動するには、エネルギーが必要です。エネルギーの源となる朝ごはんを、毎日、家族一緒に楽しく食べたいですね。

朝ごはんを食べないときはどうする？

おやつで調整する

10時ごろにおやつを用意します。少しおなかにたまるものを食べさせてもよいでしょう。お菓子ではなく食事の1つ（補食）となるメニューと麦茶などで水分補給もしておきましょう。

お昼ごはんを 少し早めにする

朝ごはんを少ししか食べないときは、お昼ごはんを早めにしてみましょう。また、起きる時間を少し早めにして活動する時間を作ると、朝ごはんを食べられることがあります。

朝食の量の目安

朝食はその他の食事より やや少なめでもOK

1日の食事量のうち、朝食は、全体の20～25%が目安です。昼食や夕食が、全体の25～30%が目安なので、朝食は少し少なめでも大丈夫。朝食をあまり食べられないときは、その他の食事量で調整しましょう。

\ 1日の20～25%でOK /

朝食

冷凍ストック☺朝ごはんレシピ

野菜とハムが入って栄養たっぷり

冷凍卵焼き

材料（4食分）
溶き卵…4個分
ハム…4枚（40g）
青ねぎ…15g
粉チーズ…小さじ1
砂糖…小さじ2
油…適量

作り方
❶ ハムは1cm四方に切り、青ねぎは小口切りにする。
❷ 卵、❶、粉チーズ、砂糖を混ぜ合わせ、熱したフライパンに¼量を流し入れ、まとめながら中に火が通るまで焼く。同様に計4つ作る。

冷凍のしかた
1つずつラップで包み、冷凍用保存袋に入れて冷凍する。

冷凍卵焼きで朝ごはん

パンアレンジ

卵焼きサンドイッチ

材料（1食分）
冷凍卵焼き…1個
サンドイッチ用食パン…2枚
マヨネーズ…少々

作り方
❶ 食パンの片面にマヨネーズを塗る。
❷ 冷凍卵焼きを電子レンジで1分ほど加熱し、❶ではさむ。食べやすい大きさに切り分ける。

みかん…½個　|　**牛乳**…100ml

ごはんアレンジ

卵焼き＆おにぎり

材料（1食分）
冷凍卵焼き…1個
ごはん…子ども用茶碗1杯
塩…少々

作り方
❶ ごはんは2等分し、薄く塩をつけておにぎりに握る。同様に計2個作る。
❷ 冷凍卵焼きを電子レンジで1分ほど加熱し、食べやすい大きさに切る。
※卵焼きを小さく切り、ごはんに混ぜておにぎりにしてもOK。

ブルーベリーヨーグルト

材料と作り方
プレーンヨーグルト80gに冷凍ブルーベリー大さじ1とバナナ30gを刻んで混ぜる。

キャベツは玉ねぎなどの野菜に替えてもOK

ツナキャベツ

材料（4食分）

ツナ水煮（缶詰）…100g
キャベツ…60g
砂糖、しょうゆ…各小さじ⅔
白いりごま…小さじ2
油…少々

作り方

① キャベツは1cm四方に切る。
② フライパンに油を熱し、ツナと①を入れ、水分がなくなるまで炒める。砂糖、しょうゆを加えて軽く炒め、白ごまをふる。

冷凍のしかた

4等分してラップで包み、冷凍用保存袋に入れて冷凍する。

冷凍ツナキャベツ
で朝ごはん

パンアレンジ

ツナキャベツトースト

材料（1食分）

冷凍ツナキャベツ…1個
食パン（8枚切り）…1枚
マヨネーズ…小さじ1

作り方

① 冷凍ツナキャベツを電子レンジで1分ほど加熱してマヨネーズを混ぜ、食パンの上にのせる。
② 中温に熱したオーブントースターで焼き色がつくまで焼く。

レンチンりんご

材料と作り方

りんご50gは皮をむいてくし形に切り、電子レンジで1分加熱する。

牛乳 …100ml

ごはんアレンジ

ツナキャベツおにぎり

材料（1食分）

冷凍ツナキャベツ…1個
ごはん…子ども用茶碗1杯

作り方

① 冷凍ツナキャベツを電子レンジで1分加熱し、ごはんに混ぜる。
② ①を2等分し、おにぎりを握る。同様に計2個作る。

バナナヨーグルト

材料と作り方

バナナ30gを薄い半月切りにし、プレーンヨーグルト80gに混ぜる。

解凍して焼き目を
つけるとよりおいしい

手作りウインナー

材料（4食分）
鶏ひき肉…200g
塩…小さじ1
パセリ（乾燥）…小さじ1
オリーブ油などの油
…適量

作り方
❶ 鶏ひき肉に塩、パセリを加え、粘りけ
　が出るまでよくねる。
❷ ❶を16等分にし、手に油をつけてウイ
　ンナーの形に成形し、ラップで包み両
　端をしっかり結ぶ。
❸ フライパンに湯を沸かし、沸騰したら
　❷を入れて5分ゆでる。
※指に油を塗ることで、成形しやすくなると同時に
ウインナーのパサつきを防ぎます。

冷凍ウインナー
で朝ごはん

冷凍のしかた
1本ずつラップで包み、冷凍用
保存袋に入れて冷凍する。1食
分（4本）ずつまとめておくと便
利。

パンアレンジ

ホットドッグ

材料（1食分）
冷凍手作りウインナー
…1個
ロールパン…2個
トマトケチャップ
…小さじ1

作り方
❶ 冷凍手作りウインナーを電子レ
　ンジで1分加熱し、1本を縦半
　分に切る。
❷ ロールパンに縦に切り目を入れ、
　トマトケチャップを塗る。①を
　はさみ、さらに横半分に切る。
　同様に計2個作る。

キウイ …½個を輪切りにする。　**牛乳** …100mℓ

ごはんアレンジ

ウインナー混ぜごはん

材料（1食分）
冷凍手作りウインナー
…1個
ごはん…子ども用茶碗1杯

作り方
❶ 冷凍手作りウインナーを電子レ
　ンジで1分加熱し、こまかく切る。
❷ ①をごはんに混ぜる。

いちごの
ヨーグルトがけ

材料と作り方
いちご（冷凍でもOK）3個をヘタ
を取って縦¼に切り、プレーン
ヨーグルト80gをかける。

補食（おやつ）について

幼児のおやつは、大人の嗜好品的なおやつとは違う役割があります。
どんなものをどのくらい与えたらいいのかを知っておきましょう。

補食（おやつ）とは

☑ 朝昼夕の3食で とり切れない 栄養をとる機会

幼児食でのおやつは、3回の食事ではとり切れない栄養をとる食事の1つ（食を補うもの）と考えます。幼児期は1回の食事でとれる量が少ないにもかかわらず、カルシウムや鉄などの必要量は成人女性と変わりません。おやつでは不足しがちなミネラルを野菜や果物、穀類などで補いましょう。

☑ 好き嫌いを なくす チャンスにも

子どもは、雰囲気が違うだけで嫌いなものでも食べることがあります。そこで食事では食べない食材をおやつに使うのは、好き嫌いをなくす絶好のチャンス。魚嫌いの子には、小さめに切った魚に衣をつけて揚げて、ペーパーナプキンで包んでみるなど。友だちと一緒に食べる機会があるとさらに効果的です。

食べさせ方の基本

☑ 1日に1〜2回。 朝食の半分程度が 与える量の目安

おやつは、一般的に1回の食事の1/3〜1/2の量が望ましいとされています。1〜2才代の子なら1日2回、午前10時ごろと午後3時ごろ。3〜5才代の子なら、1日1回、午後3時ごろが一般的です。大切なのは、時間と量を決めること。だらだらと欲しがるままに与えないことが大切です。

市販のお菓子とのつき合い方

☑ 揚げ菓子や
甘いものは少しだけ

　油で揚げているお菓子やケーキ、アイスクリーム、チョコレートなど甘いものは、おなかいっぱいになって食事に影響してしまうことがあります。どうしても欲しがるときは、甘さなどを抑えた子ども向けのものを選んだり、たまのごほうびに少しだけ、回数を決めて出すようにしたほうがよいでしょう。

☑ おすすめなのは
おせんべい

　子どもの集まりなどで市販のお菓子が必要なときにおすすめなのは、おせんべい。塩分が少なめのものを選ぶとよいでしょう。クッキー類は卵を使っているものが多いので、食物アレルギーがある場合は、原材料を確認しましょう。ガム、グミ、飴類は誤えんの恐れがあり、幼児期には注意が必要です。

お菓子とむし歯の関係

食べカスを放置すると
むし歯になりやすい

　糖などを含む食べ物が歯についている時間が長くなるほど、むし歯ができやすくなります。食べ物・飲み物をだらだらと食べたり飲んだりしていたり、ジュースやスポーツドリンクなどを頻繁に飲んだりするのは要注意。キャラメルなど歯の表面に付着しやすい甘いものをよく食べていると、むし歯になる可能性が高まります。

甘いものと歯みがきは
セットにする

　甘い市販のお菓子や飲み物はできるだけ控えたほうがよいですが、食べさせたら歯みがきをするか、水で口をゆすぐことをセットにするとよいでしょう。また、おやつはだらだらと食べさせないことも大切です。よくかんで食べると唾液の分泌が促され、歯に食べ物のカスや菌が付着しにくくなることから、よくかんで食べることもむし歯予防につながります。

セットで！

1才代からOK！

量は子どもに合わせて加減してください。蒸しパンやパンケーキが食べにくそうなら、小さく切ったり飲み物と一緒に食べさせましょう。

小松菜の苦みが気にならない

バナナの甘みで

小松菜スムージー

材料（1食分）
小松菜…½株（20g） 牛乳…100㎖
バナナ…50g

作り方
❶ 小松菜はよく洗い、粗く刻む。
❷ ミキサーにバナナと①、牛乳を入れ、なめらかになるまでかくはんする。

冷凍・解凍のしかた	ミキサーにかける前の1食分のバナナと小松菜をラップで包んで冷凍する。解凍は電子レンジで20秒を目安に加熱する。

にんじんシェイク

材料（1食分）
にんじん（3㎝厚さの輪切り）…1個（30g） 牛乳…100㎖
プレーンヨーグルト…50g レモン汁…小さじ½

作り方
❶ にんじんは、一口大に切る。
❷ ミキサーに①と残りの材料を入れ、なめらかになるまでかくはんする。

冷凍・解凍のしかた	ミキサーにかける前の1食分のにんじんをラップで包んで冷凍する。解凍は電子レンジで20秒を目安に加熱する。

さわやかな味わいでごくごく飲めそう

追加の粉砂糖はごく少量に

フレンチトースト

材料（4食分）
食パン（8枚切り）…4枚 砂糖…大さじ2
溶き卵…2個分 粉砂糖（お好みで）…少々
牛乳…200㎖ バター…小さじ2

作り方
❶ ボウルに卵、牛乳、砂糖を入れて混ぜる。
❷ 食パン1枚を4等分にし、①に5分程度つける。
❸ フライパンにバターを熱し、②を並べて弱火でしっかりと両面を焼く。同様に食パン4枚分作る。お好みで粉砂糖をふる。

冷凍・解凍のしかた	できあがり1食分の1切れずつをラップで包み、冷凍用保存袋に入れて冷凍する。解凍は電子レンジで40秒を目安に加熱する。

※卵の加熱温度が低いため、卵アレルギーが心配な方は避けてください。

かぼちゃチーズ蒸しパン

材料（4個分）
ホットケーキミックス…300g　かぼちゃ…80g
溶き卵…2個分　砂糖…大さじ4
牛乳…160㎖　油…大さじ4
　　　　　　粉チーズ…小さじ2

作り方
① かぼちゃは1cm角に切り、電子レンジで1分ほど加熱する。
② ボウルに卵、砂糖を入れてすり混ぜる。
③ ②にホットケーキミックス、牛乳、油を加え、粉っぽさがなくなるまで混ぜ、①と粉チーズを加えさらに混ぜる。
④ 4つのシリコンカップに③を七分目あたりまで流し込む。
⑤ フライパンに耐熱皿を置き、つからない程度に水を入れる。水が沸騰したら、皿に④を並べてふたをし、10分程度蒸す。

蒸気で蒸すから
仕上がりがふっくら

冷凍・解凍のしかた	カップごとラップで包み、冷凍用保存袋に入れて冷凍する。解凍は電子レンジで40秒を目安に加熱する。

ほのかな甘さと
ハムの塩けが◎

冷凍・解凍のしかた	カップごとラップで包み、冷凍用保存袋に入れて冷凍する。解凍は電子レンジで40秒を目安に加熱する。

にんじんとハムの蒸しパン

材料（4個分）
ホットケーキミックス…300g　すりおろしにんじん
溶き卵…2個分　　（汁を絞ったあとのもの）…80g
ハム…4枚（40g）　砂糖…大さじ4
牛乳+すりおろしにんじんの　油…大さじ4
絞り汁…160㎖

作り方
① ボウルに卵、砂糖を入れてすり混ぜる。
② ①にホットケーキミックス、牛乳+にんじんの絞り汁、油を加えて粉っぽさがなくなるまで混ぜる。
③ ②にすりおろしにんじんと1cm四方に切ったハムを加え、混ぜる。
④ 紙カップ4つに③を七分目あたりまで流し込む。
⑤ フライパンに耐熱皿を置き、つからない程度に水を入れる。水が沸騰したら、皿に④を並べてふたをし、10分程度蒸す。

ほうれん草パンケーキ

材料（8枚分）
米粉…100g　　ほうれん草（ゆでたもの）…80g
絹豆腐…200g　ベーキングパウダー…小さじ2
油…適量　　 A［油…小さじ4　砂糖…小さじ2
　　　　　　　 水…120㎖

作り方
① 豆腐をなめらかになるまですりつぶし、Aを加えて混ぜる。
② 米粉とベーキングパウダーを合わせて①に加え、だまがなくなるまでしっかりと混ぜてから細かく刻んだほうれん草を加えて混ぜる。
③ フライパンに油を熱し、お玉1杯程度の②を丸く広げ、両面にしっかりと焼き目がつき、中に火が通るまで焼く。その都度油を熱し、同様に計8枚焼く。

米粉と豆腐で
ふんわり感アップ

冷凍・解凍のしかた	1枚ずつラップで包み、冷凍用保存袋に入れて冷凍する。解凍は電子レンジで40秒を目安に加熱する。

幼児食後期 3才〜5才

かむ力が出てくる幼児食の後半の子どもの食べる力や量や食材について紹介します。

どんな時期？

自分で食べることに慣れ かむ回数も増えてくる

食卓に座り自分で食べることに慣れ、「しっかりかむ」ことを理解できる時期。奥歯が生えそろい、かみ合わせが整う時期でもあるので、かむ回数が増え、かみごたえのあるものも食べられるようになります。やわらかいものばかりではなく、食材を大きめに切ったり、かみごたえのあるかたさにして、かむことに一緒に挑戦してみるといいですね。

周囲とのかかわりで 食べる意欲が育つ

意思がはっきりする分、好き嫌いが定着しやすくなります。社会性も育つので、友だちや周りの人が食べるのにつられて嫌いなものが食べられたり、がんばってたくさん食べるといった様子も出てきます。理解力が発達するので、「いただきます」などのあいさつをしたり、大人も一緒に食事をして、食事のマナーの話もするとよいでしょう。

かむ力はどのくらい？

かむ力が強くなり 何度もかめる

乳歯が全部そろい、かみ合わせが整ってくるうえに、集中力も発達するので、回数多くしっかりかめるようになります。繊維の多い食材も、大人より少しだけ長く加熱してやわらかくすれば、少しずつかみつぶせるようになります。

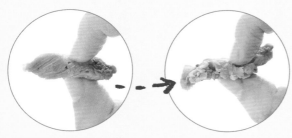

やや厚みのある豚肉を食べさせたときの様子を指で再現すると…。

しっかりかみつぶせるので、厚みのある肉もかみ切れるようになります。

食べ方とサポートのしかたは？

1人で食べたがる時期 箸の開始はあわてずに

スプーンやフォークで、1人で食べたがるようになり、箸の練習を始める子も出てきます。箸を使うには手指の器用さが必要なので、あわてて始めなくてかまいません。箸を1本、鉛筆を持つように持たせて、おはじきのような小さいものを箸の先ではじき飛ばす遊びが、箸の準備練習になります。

1日の食事量の目安

前期より主食と副菜を増やすイメージ

　3才〜5才代の1日に必要なエネルギー量は、1250〜1300kcal。食材の量で表すと右の目安量になります。1〜2才代（幼児食前期）より、全体的に量が少しずつ多くなりますが、主食と副菜を多めにするイメージを持つとちょうどよいでしょう。毎日でなくていいので、1週間の平均が目安量くらいになるようにしてみましょう。

幼児食後期（3才〜5才）　1日の食事量の目安

	主な食材	1日の目安量	
主食	ごはん、麺、パンなど	280〜390g	ごはんなら1食100〜130g、パンやうどんなら1食90〜100g
主菜	肉・魚・卵・大豆・大豆製品など	130〜170g	豆腐の場合は3倍量になると考えましょう（肉50g＝豆腐150g）
副菜	野菜・いも・海藻類など	210〜280g	野菜のうち1/3くらいは緑黄色野菜だとよいでしょう
その他	牛乳	200ml	牛乳は補食や朝食にとるとよいでしょう
	果物	100〜200g	果物は補食や朝食にとるとよいでしょう

※数値はあくまでも目安です。目安量にはあまりこだわらなくてかまいません。

1回分の量の目安

主食と副菜は小鉢1個強が目安

　3才〜5才代の1回分の量の目安は、主食（ごはんなど）が100〜130gくらい、肉、魚などがメインの主菜は50gくらい、野菜類が中心の副菜は80〜90g。それぞれ皿の数で考えると、主菜は小鉢1個程度、主食と副菜は小鉢1個より少し多めが目安です。

※小鉢とは直径9〜12cmの器のこと。

（写真は、P129の4週目土曜日の献立）。

食材のかたさ・大きさの目安

炒め野菜〜鶏肉のから揚げくらいのやわらかさ

　かみ合わせが少しずつ整い、かみつぶせるようになります。かたさの目安は炒めキャベツや薄切りの炒めにんじん、鶏肉のから揚げ。大人より少しやわらかめをイメージします。かむ楽しさを体験させましょう。

豚薄切り肉も、重ねたり巻いたりして厚みを出すと食べやすくなります。

繊維が多くかみにくい葉物野菜なども、大きめに切るようにしてかむことにチャレンジ！

1 週目の冷凍ストック

素揚げの魚や煮込んでやわらかくした肉だんごをストックしてアレンジしていきます。

冷凍ストック A

★ Point ★
あじの骨が気になる場合は、
食べる前に一口大にカットすると
骨を取り除きやすいでしょう。

あじの素揚げ

下味をしっかりつけて

材料（3回分）

あじ(切り身または2枚おろし)
…3切れ(120g)
酒…小さじ1

すりおろししょうが
…チューブ2cm
かたくり粉…適量
揚げ油…適量

作り方

❶ あじは骨を取り除き、ペーパータオルで水けをふき取る。
酒、しょうがで下味をつける。
❷ ①の汁けをきってかたくり粉をまぶす。
❸ 揚げ油を中温に熱し、②を中に火が通るまで揚げる。

冷凍のしかた

1切れずつラップで包み、冷凍保
存用袋に入れて冷凍する。

冷凍ストック B

★ Point ★
煮込んだ肉だんごは
この時期のかむ練習にぴったりです。

肉だんごのトマト煮

かたくなりやすい肉だんごは煮込みに

材料（3回分）

合いびき肉…150g
溶き卵…½個分
玉ねぎ…約⅛個(30g)
カットトマト(缶詰)…1缶(400g)

パン粉…大さじ2
塩…少々
顆粒コンソメ…小さじ1
トマトケチャップ…大さじ1
油…適量

作り方

❶ 玉ねぎはみじん切りにし、電子レンジで1分ほど加熱し冷
ます。
❷ 合いびき肉と卵、パン粉、塩、①を合わせてよくねる。15
等分に丸める。
❸ フライパンに油を熱し、②を転がしながら焼く。焼き色が
ついたらカットトマト、コンソメ、トマトケチャップを入れ、
ふたをして煮込みながら肉だんごの中まで火を通す。

冷凍のしかた

1回分（肉だんご5個と3等分し
たソース）ずつ冷凍用保存袋に入
れて冷凍する。

ゆでせん切り野菜 MIX

使い勝手のいい野菜ストック

材料（5回分）
にんじん（5cm厚さの輪切り）… 1個（50g）
黄パプリカ…約½個（60g）
玉ねぎ…約⅓個（70g）

作り方
❶ にんじん、玉ねぎ、パプリカはせん切りにする。
❷ ①のにんじんを水からゆで、少しやわらかくなったら①の
玉ねぎ、パプリカを入れてやわらかくゆで、すべてざるに
あげて水けを絞る。

| 冷凍のしかた |
5等分してラップで包み、冷凍用
保存袋に入れて冷凍する。

Ⓒ 冷凍ストック

★ **Point** ★
玉ねぎやパプリカが
やわらかくなりすぎないよう
時間差をつけてゆでます。

かぼちゃのスライス

切ってレンチンするだけ

材料（5回分）
かぼちゃ…200g

作り方
❶ かぼちゃは皮をまだらにむいて、15枚程度を目安に1cm
厚さの薄切りにする。水小さじ2（材料外）をふりかけて、
電子レンジで2分30秒ほど加熱する。

| 冷凍のしかた |
5等分してラップで包み、冷凍用
保存袋に入れて冷凍する。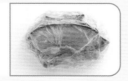

Ⓓ 冷凍ストック

★ **Point** ★
かぼちゃは子どもに人気の食材。
解凍して軽く焼くだけで
軽いおやつメニューになります。

冷凍ストック

E

小松菜にんじん
彩り鮮やかなミックス野菜

材料（3回分）
小松菜…約2株（70g）　　にんじん（5㎝厚さの輪切り）…1個（50g）

作り方
❶ 小松菜、にんじんはそれぞれ粗みじん切りにする。
❷ にんじんは水からゆで、沸騰したら小松菜を入れ、再度沸騰し小松菜とにんじんがやわらかくなったらざるにあげ、水けを絞る。

| 冷凍のしかた |
3等分してラップで包み、冷凍用保存袋に入れて冷凍する。

★ Point ★
根菜は大きいサイズのほうが食べやすいので、苦手そうなら少し大きめに切っても OK。

冷凍ストック

F

刻み油あげ
汁物の具材用に

材料（3回分）
油あげ…⅓枚（30g）

作り方
❶ 油あげは熱湯に1分浸して取り出し、水けをよく絞り、短冊切りにする。

| 冷凍のしかた |
3等分し、ラップで包み、冷凍用保存袋に入れて冷凍する。

★ Point ★
油あげは湯通しして油分を取り除いて使いましょう。

冷凍ストック以外の食材

	月 曜日	火 曜日	水 曜日	木 曜日	金 曜日	土 曜日	日 曜日
炭水化物	ごはん	ごはん	ごはん	ごはん	ごはん	スパゲティ	ごはん
たんぱく質	ピザ用チーズ	粉チーズ、牛乳、木綿豆腐			卵、ピザ用チーズ、ベーコン、牛乳	粉チーズ、豆乳	
ビタミン・ミネラル	青のり	白いりごま			白いりごま		白いりごま
調味料・油・その他	顆粒コンソメ	顆粒コンソメ、しょうゆ	酢、砂糖、しょうゆ、だし汁、みそ	顆粒コンソメ	顆粒鶏がらスープ、かたくり粉、ごま油、	顆粒和風だし、みそ	みりん、しょうゆ、だし汁、みそ

1週目の冷凍ストックで

アレンジメニュー

魚や肉のおかずに調味料や野菜で味に変化を加えたり、野菜のストックに豆腐や卵、チーズなどを組み合わせてバラエティ豊かな献立にします。

月曜日 →	火曜日 →	水曜日 →	木曜日 →	金曜日 →	土曜日 →	日曜日

あじの素揚げ	肉だんごのトマト煮	あじの南蛮漬け	肉だんごと野菜のトマト煮	かぼちゃの卵焼き	ミートボールスパゲティ	かば焼き丼
かぼちゃのチーズ焼き	かぼちゃスープ	かぼちゃと油あげのみそ汁	小松菜とにんじんのコンソメスープ	せん切り野菜の中華スープ	かぼちゃの豆乳みそスープ	せん切り野菜と油あげのみそ汁
せん切り野菜のスープ	小松菜の白あえ	ごはん	ごはん	小松菜の中華混ぜごはん		
ごはん	ごはん					

せん切り野菜のスープ

月
曜日
Monday

かぼちゃのチーズ焼き

ごはん

食べるときに身をほぐすこともさせてみて

あじの素揚げ

あじの素揚げ

材料

冷凍ストック

 A あじの素揚げ …1個

作り方

❶ **A あじの素揚げ**は電子レンジで1分ほど加熱する。

かぼちゃのチーズ焼き

材料

冷凍ストック

 D かぼちゃのスライス …1個

＋

ピザ用チーズ…小さじ1　青のり…少々

作り方

❶ **D かぼちゃのスライス**にピザ用チーズ、青のりをのせて電子レンジで1分ほど加熱する。

せん切り野菜のスープ

材料

冷凍ストック

 C ゆでせん切り野菜MIX …1個

＋

水…100mℓ
顆粒コンソメ…小さじ½

作り方

❶ 耐熱容器に**C ゆでせん切り野菜MIX**、水を入れて電子レンジで2分ほど加熱し、コンソメを加えて混ぜる。

ごはん …子ども用茶碗1杯

かぼちゃ
スープ

小松菜の
白あえ

ごはん

ソースを
よくからませて
食べさせよう

肉だんごのトマト煮

肉だんごのトマト煮

材料

B 肉だんごの
トマト煮
…1個

＋

粉チーズ…少々

作り方

❶ B 肉だんごのトマト煮は電子
レンジで1分30秒ほど加熱
し、粉チーズをかける。

かぼちゃスープ

材料

D かぼちゃの
スライス…1個

＋

牛乳…100㎖
顆粒コンソメ…小さじ½

作り方

❶ D かぼちゃのスライスは電子
レンジで50秒ほど加熱する。
❷ 小鍋に①、牛乳、コンソメを
入れ、かぼちゃを軽くつぶし
ながら混ぜ、沸騰させない程
度に温める。

小松菜の白あえ

材料

E 小松菜にんじん
…1個

＋

木綿豆腐…20g
白いりごま…少々
しょうゆ…小さじ½

作り方

❶ E 小松菜にんじんを電子レン
ジで40秒ほど加熱する。
❷ つぶした豆腐にしょうゆを混
ぜ、水けを絞った①の野菜を
あえて、白ごまをふる。

ごはん …子ども用茶碗
1杯

あじの南蛮漬け

材料

A あじの素揚げ
…1個

C ゆでせん切り
野菜MIX…1個

＋

酢…小さじ2　砂糖…小さじ1
しょうゆ…小さじ½　水…大さじ2

作り方

❶ A あじの素揚げは電子レンジ
で1分ほど加熱する。
❷ 小鍋に酢、砂糖、しょうゆ、
水、C ゆでせん切り野菜MIX
を入れ、野菜がしんなりし、
味がからむまで炒める。
❸ ①に②をかける。

かぼちゃと油あげのみそ汁

材料

D かぼちゃの
スライス
…1個

F 刻み油あげ
…1個

＋

だし汁…100㎖
みそ…小さじ1

作り方

❶ 耐熱容器に D かぼちゃのスラ
イス、F 刻み油あげ、だし汁
を入れて電子レンジで2分ほ
ど加熱し、みそを加えて混ぜる。

ごはん …子ども用茶碗
1杯

かぼちゃと
油あげの
みそ汁

ごはん

しばらく
冷ますと
味がなじんで
さらに
おいしい

あじの南蛮漬け

小松菜とにんじんの
コンソメスープ

ごはん

木
曜日
Thursday

野菜を
プラスして
ボリューム
アップ

肉だんごと
野菜の
トマト煮

肉だんごと野菜のトマト煮

材料

冷凍ストック

B 肉だんごの
トマト煮
…1個

C ゆでせん切り
野菜MIX…1個

作り方

① 耐熱容器に B 肉だんごの
トマト煮、C ゆでせん切
り野菜MIXを入れ、電子
レンジで1分30秒ほど加
熱し、混ぜ合わせる。再
度30秒ほど電子レンジ
で加熱する。

小松菜とにんじんのコンソメスープ

材料

冷凍ストック

E 小松菜にんじん
…1個

+

水…100㎖　顆粒コンソメ…小さじ½

作り方

① 耐熱容器に E 小松菜にん
じん、水を入れて電子レ
ンジで2分ほど加熱し、
コンソメを加えて混ぜる。

ごはん …子ども用茶碗1杯

かぼちゃの卵焼き

材料

冷凍ストック

D かぼちゃの
スライス
…1個

+

卵…1個
ピザ用チーズ…小さじ2
ベーコン(短冊切り)…½枚(8g)
牛乳…小さじ1　油…適量

作り方

① D かぼちゃのスライスは
電子レンジで1分ほど加
熱し、小さく切る。油以
外の材料と混ぜる。
② 卵焼き器などに油を熱し、
①を3回に分けて流し入
れて巻いて卵焼きを作り、
中まで火を通す。

せん切り野菜の中華スープ

材料

冷凍ストック

C ゆでせん切り
野菜MIX
…1個

+

顆粒鶏がらスープ、
かたくり粉…各小さじ½
水…100㎖　白いりごま…少々

作り方

① C ゆでせん切り野菜MIX、
水、鶏がらスープを鍋に
入れて火にかけ、解凍し
温まったら、かたくり粉
を同量の水(材料外)で
溶き入れ、とろみをつけ
る。白ごまをふる。

小松菜の中華混ぜごはん

材料

冷凍ストック

E 小松菜にんじん
…1個

+

ごはん…子ども用茶碗1杯
顆粒鶏がらスープ…小さじ½
水…大さじ1　ごま油…適量

作り方

① E 小松菜にんじんは電子
レンジで40秒ほど加熱
する。
② フライパンにごま油を熱
し、①、水、鶏がらスー
プの素を入れて、水けが
なくなるまで炒め合わせ、
ごはんに混ぜる。

金
曜日
Friday

せん切り野菜の
中華スープ

小松菜の
中華混ぜごはん

具材が
いっぱいの
卵焼きで
食べごたえあり

かぼちゃの卵焼き

土
曜日
Saturday

加熱しすぎると
豆乳が
ダマになるので
注意

かぼちゃの
豆乳みそスープ

ミートボール
スパゲティ

ミートボールスパゲティ

材料

冷凍ストック

B 肉だんごの
トマト煮
…1個

＋

スパゲティ（ゆでて半分に切ったもの）…100g
粉チーズ…小さじ1

作り方

❶ B肉だんごのトマト煮は電子レンジで1分30秒加熱し、スパゲティを混ぜる。粉チーズをふる。

かぼちゃの豆乳みそスープ

材料

冷凍ストック

D かぼちゃの
スライス
…1個

F 刻み油あげ
…1個

＋

豆乳…100ml
顆粒和風だし…小さじ¼
みそ…小さじ1

作り方

❶ Dかぼちゃのスライスは電子レンジで1分ほど加熱し、軽くつぶす。

❷ 小鍋に①、F刻み油あげ、豆乳、和風だしを入れて弱火にかけ、みそを溶かし入れて1〜2分煮る。

かば焼き丼

材料

冷凍ストック

A あじの素揚げ
…1個

＋

ごはん…子ども用茶碗1杯
みりん…小さじ1
しょうゆ…小さじ½
水…小さじ2
白いりごま…少々

作り方

❶ Aあじの素揚げは電子レンジで1分ほど加熱する。

❷ 小鍋にみりん、しょうゆ、水を入れて沸騰させ、①を入れて味をからませる。

❸ ごはんの上に②をのせ、白ごまをふる。

せん切り野菜と油あげのみそ汁

材料

冷凍ストック

C ゆでせん切り
野菜MIX
…1個

F 刻み油あげ
…1個

＋

だし汁…100ml　みそ…小さじ1

作り方

❶ 耐熱容器にCゆでせん切り野菜MIX、F刻み油あげ、だし汁を入れて電子レンジで2分ほど加熱し、みそを加えて混ぜる。

せん切り野菜と
油あげのみそ汁

日
曜日
Sunday

甘じょっぱい
かば焼きで
食が進む

かば焼き丼

2週目の冷凍ストック

かむ練習になる豚肉の野菜巻きやレタス、しめじなどを冷凍して献立にしていきます。

用意する冷凍ストック --->
 Ⓐ 豚肉の野菜巻き
 Ⓑ たらのカレークリーム煮
 Ⓒ ミニトマト
 Ⓓ 野菜の納豆あえ
 Ⓔ じゃがにんじんマッシュ
 Ⓕ レタスとしめじ

★ Point ★
みりんのアルコール分は、
しっかり煮詰めて飛ばします。

豚肉の野菜巻き
クルッと巻いて見た目よく

材料（3回分）
豚ロース薄切り肉…6枚（200g）
にんじん、さやいんげん…各30g
みりん、しょうゆ…各小さじ1
白いりごま…少々　油…適量

作り方
❶ にんじん、さやいんげんは4cm長さに切り、耐熱容器に一緒に入れて電子レンジで2分ほど加熱する。
❷ ①を6等分し、豚肉1枚で巻く。同様に6個作る。
❸ フライパンに油を熱し、②の巻き終わりを下にして焼く。肉の色が変わってきたらふたをして弱めの中火で3分ほど蒸し焼きにして、中までしっかり火を通す。
❹ 油を軽くふき、調味料を入れて煮詰める。白ごまをふる。

冷凍のしかた
1本ずつラップで包み、さらに1食分（2本）ずつまとめてラップに包んで、冷凍用保存袋に入れて冷凍する。

★ Point ★
生たらは透明感のある
新鮮なものを選びましょう。

たらのカレークリーム煮
少しだけカレーを使って味に変化を

材料（3回分）
生たら（切り身）…1切れ（150g）
玉ねぎ…30g　牛乳…200mℓ　油…少々
カレー粉、塩…各少々
米粉…小さじ2　水…大さじ1

作り方
❶ たらは6等分し水けをふく。玉ねぎは薄切りにする。フライパンに油を熱してたらを焼き、あいている部分で玉ねぎを炒める。
❷ ①のたらの両面に焼き色がついたら、牛乳を加え、たらと玉ねぎに火を通す。
❸ カレー粉、塩を加え、水で溶いた米粉を入れてとろみをつける。

冷凍のしかた
3等分し（たら2切れずつ）、冷凍用保存袋に入れて冷凍する。

★ Point ★
ミニトマトは生で食べさせるときは¼に切りますが、
皮を取れば半分に切るだけでOK！

ミニトマト
洗ってそのまま冷凍するだけ

材料（5回分）
ミニトマト…8個(80g)

作り方
❶ ミニトマトはヘタを取って洗い、水けをふく。

冷凍のしかた

1つずつラップに包んで冷凍するか、冷凍用保存袋にそのまま入れて冷凍する。

★ Point ★
ゆで野菜の水けを絞るときは、
ペーパータオルなどで包むのがおすすめです。

野菜の納豆あえ
納豆のねばりで野菜が食べやすくなる

材料（3回分）
ほうれん草…2株(80g) **納豆**…小1パック(30g)
にんじん（3㎝厚さの輪切り）
…1個(30g)

作り方
❶ にんじんは短冊切りに、ほうれん草は葉を縦に2〜3回切ってから、全体を3㎝程度に切る、にんじんを水からゆで、少しやわらかくなったら、ほうれん草を加えてゆでる。
❷ ①の水けをよく絞り、納豆を加えて混ぜる。

冷凍のしかた

3等分してラップで包み、冷凍用保存袋に入れるか、冷凍用保存袋に直接入れて冷凍する。

じゃがにんじんマッシュ

じゃがいもはつぶして冷凍

材料（3回分）
じゃがいも…小1個弱（100g）　　にんじん（3cm厚さの輪切り）
　　　　　　　　　　　　　　　…1個（30g）

作り方
❶ じゃがいもは薄い半月切りにする。にんじんは1cm四方の
　色紙切り（薄い正方形）にする。
❷ ①を耐熱容器に入れ、ひたひた程度の水（材料外）を加えて、
　電子レンジで4分ほど加熱する。
❸ 水けをきり、じゃがいもをつぶしながら混ぜる。

冷凍のしかた

3等分してラップで包み、冷凍用
保存袋に入れて冷凍する。

冷凍ストック

E

★ Point ★
にんじんは薄切りなら
どんな形でも OK！

レタスとしめじ

生だと食べにくいレタスは冷凍向き

材料（5回分）
レタス…100g
しめじ…100g

作り方
❶ レタスは3cm程度にちぎり、しめじは1〜2cm程度に切り、
　合わせる。

冷凍のしかた

5等分してラップで包み、冷凍用
保存袋に入れて冷凍する。

冷凍ストック

F

★ Point ★
レタスは包丁で切ると切り口が
変色しやすいのでちぎるのがおすすめ。

冷凍ストック以外の食材

	☽ 月曜日	火 火曜日	水 水曜日	木 木曜日	金 金曜日	土 土曜日	日 日曜日
炭水化物	ごはん	ごはん	ごはん	ごはん	ごはん	ごはん	ごはん
たんぱく質	ピザ用チーズ		プレーンヨーグルト	ピザ用チーズ	卵、牛乳、ピザ用チーズ		牛乳
ビタミン・ミネラル							
調味料・油・その他	しょうゆ、だし汁、みそ	顆粒コンソメ	だし汁、みそ、塩	顆粒コンソメ	油、マヨネーズ	油、塩、ゆかり	オイスターソース、かたくり粉、顆粒コンソメ

2週目の冷凍ストックで アレンジメニュー

フォークや箸を使って
食事ができるようになってきます。
大人をまねながら
使い方を覚えていくので、
家族一緒に食べましょう。

月曜日 →	火曜日 →	水曜日 →	木曜日 →	金曜日 →	土曜日 →	日曜日

トマトチーズ肉巻き	たらのカレークリーム煮	豚と野菜の混ぜごはん	たらのドリア	納豆オムレツ	たらのトマトクリーム煮	肉巻きと野菜のソテー
ほうれん草の納豆あえ	野菜のコンソメスープ	納豆みそ汁	レタスとしめじのスープ	ポテトマヨサラダ	レタスとしめじのサラダ	トマトのミルクスープ
レタスとしめじのみそ汁	ごはん	ヨーグルトポテトサラダ		ごはん	ゆかりごはん	ごはん
ごはん						

月曜日 Monday

レタスとしめじのみそ汁

ぺらぺらして
食べにくい
レタスは
汁物の具材に

ほうれん草の
納豆あえ

ごはん

トマトチーズ
肉巻き

ごはん ……子ども用茶碗1杯

トマトチーズ肉巻き

材料

冷凍ストック

 A 豚肉の野菜巻き …1個

C ミニトマト…1個
＋
ピザ用チーズ…小さじ2

作り方

❶ C ミニトマトは流水にさらして皮をむき、半分に切る。

❷ 耐熱皿に A 豚肉の野菜巻き、①を入れ、ピザ用チーズをのせて電子レンジで2分ほど加熱し、豚肉の野菜巻きを一口大に切る。

ほうれん草の納豆あえ

材料

冷凍ストック

 D 野菜の納豆あえ …1個
＋
しょうゆ…少々

作り方

❶ D 野菜の納豆あえは電子レンジで1分ほど加熱し、しょうゆで味をととのえる。

レタスとしめじのみそ汁

材料

冷凍ストック

 F レタスとしめじ …1個
＋
だし汁…100㎖　みそ…小さじ1

作り方

❶ 耐熱容器に F レタスとしめじ、だし汁を入れて電子レンジで2分ほど加熱し、みそを加えて混ぜる。

野菜の
コンソメスープ

火
曜日
Tuesday

たらのカレークリーム煮

ごはん

スープの
具材は、
キッチンばさみ
を使うと
切りやすい

たらのカレークリーム煮

材料
冷凍ストック

 B たらの
カレークリーム煮
…1個

作り方
❶ B たらのカレークリーム
煮は電子レンジで1分ほ
ど加熱する。

野菜のコンソメスープ

材料
冷凍ストック

 C ミニトマト
…1個

 F レタスとしめじ
…1個
＋
顆粒コンソメ…小さじ½　水…100mℓ

作り方
❶ C ミニトマトは流水にさ
らして皮をむく。
❷ 小鍋に①、F レタスとし
めじ、水、コンソメを入
れて煮る。
❸ ミニトマトを2等分、し
めじを食べやすい大きさ
に切る。

ごはん …子ども用茶碗1杯

豚と野菜の混ぜごはん

材料
冷凍ストック

 A 豚肉の野菜巻き
…1個
＋
ごはん…子ども用茶碗1杯

作り方
❶ A 豚肉の野菜巻きは電子レン
ジで1分30秒ほど加熱し、
小さく切ってごはんに混ぜる。

納豆みそ汁

材料
冷凍ストック

 D 野菜の納豆あえ
…1個
＋
だし汁…100mℓ　みそ…小さじ1

作り方
❶ 耐熱容器に D 野菜の納豆あえ、
だし汁を入れて電子レンジで2
分ほど加熱し、みそを加えて混
ぜる。

ヨーグルトポテトサラダ

材料
冷凍ストック

 E じゃがにんじん
マッシュ
…1個
＋
プレーンヨーグルト
…大さじ1
塩…少々

作り方
❶ E じゃがにんじんマッシュは電
子レンジで40秒ほど加熱する。
❷ プレーンヨーグルトはラップを
かけずに電子レンジで10秒ほ
ど加熱し、水けをペーパータオ
ルで吸い取る。
❸ ①と②を混ぜ合わせ、塩で味を
ととのえる。

水
曜日
Wednesday

小さく切って
混ぜるだけで
具だくさんの
混ぜごはんに

納豆みそ汁

豚と野菜の
混ぜごはん

ヨーグルト
ポテトサラダ

木曜日 Thursday

レタスとしめじのスープ

たらの
ドリア

ごはんを
マカロニに
替えれば
グラタンに!

たらのドリア

材料

冷凍ストック

 B たらの
カレークリーム煮
…1個

 C ミニトマト
…2個

+

ピザ用チーズ…大さじ1
ごはん…子ども用茶碗1杯

作り方

❶ **B**たらのカレークリーム
煮は電子レンジで1分ほ
ど加熱する。**C**ミニトマ
トは流水にさらして皮を
むいて切り、たらのカレ
ークリーム煮に混ぜる。
耐熱皿にごはんを盛り、

❷ ①、ピザ用チーズの順に
のせ、オーブントースター
で焼き色がつくまで焼く。

レタスとしめじのスープ

材料

冷凍ストック

 F レタスとしめじ
…1個

+

水…100㎖
顆粒コンソメ…小さじ½

作り方

❶ **F**レタスとしめじは電子レン
ジで40秒ほど加熱し、水け
を絞る。

❷ 小鍋に①、コンソメ、水を入
れて加熱し、野菜がしんなり
するまで煮る。

納豆オムレツ

材料

冷凍ストック

 D 野菜の納豆あえ
…1個

+

卵…1個
牛乳…大さじ1
ピザ用チーズ…小さじ2
油…適量

作り方

❶ 卵、牛乳、チーズはよく混ぜる。

❷ **D**野菜の納豆あえは電子レン
ジで1分ほど加熱する。

❸ フライパンに油を熱し、①を
流し入れる。軽く固まったら
②を入れ、巻き込んで形を整
え、両面を焼いて中に火を通す。

ポテトマヨサラダ

材料

冷凍ストック

 E じゃがにんじん
マッシュ
…1個

+

マヨネーズ…小さじ1強

作り方

❶ **E**じゃがにんじんマッシュは
電子レンジで40秒ほど加熱し、
マヨネーズを混ぜ合わせる。

ごはん …子ども用茶碗1杯

金曜日 Friday

ごはん

ポテトマヨサラダ

納豆オムレツも
冷凍ストックを
使えばカンタン

納豆オムレツ

114

ゆかりごはん

レタスと
しめじを
軽く炒め
香ばしさを
プラス

土
曜日
Saturday

レタスと
しめじのサラダ

たらの
トマトクリーム煮

たらのトマトクリーム煮

材料

冷凍ストック

B たらの
カレークリーム煮
…1個

C ミニトマト
…2個

作り方

❶ **C**ミニトマトは流水にさらして皮をむいて小さく切る。

❷ **B**たらのカレークリーム煮は、電子レンジで1分ほど加熱する。

❸ ①と②を混ぜ合わせる。

レタスとしめじのサラダ

材料

冷凍ストック

E じゃがにんじん
マッシュ
…1個

F レタスとしめじ
…1個

油…少々　塩…少々

作り方

❶ **E**じゃがにんじんマッシュ、**F**レタスとしめじは一緒に電子レンジで1分ほど加熱する。レタスとしめじの水けを絞る。

❷ フライパンに油を熱し、①のレタスとしめじを炒め、ごく少量の塩で味をつける。①のじゃがにんじんマッシュと混ぜ合わせる。

ゆかりごはん

材料

ごはん…子ども用茶碗1杯
ゆかり…少々

作り方

❶ ごはんとゆかりを混ぜる。

肉巻きと野菜のソテー

材料

冷凍ストック

A 豚肉の野菜巻き
…1個

F レタスとしめじ
…1個

+

オイスターソース…小さじ1
水…大さじ2
かたくり粉…小さじ⅓

作り方

❶ **A**豚肉の野菜巻き、**F**レタスとしめじは一緒に電子レンジで1分ほど加熱する。

❷ フライパンに①、水、オイスターソースを入れ、具材の中まで火が通るように煮る。

❸ かたくり粉を同量の水（材料外）で溶いて加え、とろみをつける。

トマトのミルクスープ

材料

冷凍ストック

C ミニトマト
…2個

+

牛乳…100㎖
顆粒コンソメ…小さじ½

作り方

❶ **C**ミニトマトは流水にさらして皮をむき、小さく切る。

❷ 小鍋に牛乳とコンソメ、①を入れて煮る。

ごはん…子ども用茶碗1杯

トマトのミルクスープ

日
曜日
Sunday

ごはん

オイスターソース
を使って
風味アップ

肉巻きと野菜のソテー

3週目の冷凍ストック

子どもに人気のから揚げのストックをアレンジして、いろいろなメニューにしていきます。

冷凍ストック A

★ Point ★
鶏肉もキッチンばさみを
使って切り分けると、
手軽です。

鶏のから揚げ

しょうがや酒でくさみを抑えて風味をプラス

材料（3回分）
鶏もも肉…150g
揚げ油…適量

A ┌ おろししょうが…チューブ1～2cm
　├ しょうゆ…大さじ1
　├ みりん、酒、水…各 大さじ½
　└ 小麦粉、かたくり粉…各大さじ1と½

作り方
❶ 鶏肉は皮を取り除き、6個に切り分ける。
❷ Aを混ぜ合わせ、①を30分漬け込む。
❸ 揚げ油を中温に熱し、②の中に火が通るまで揚げる。

冷凍のしかた

2個ずつラップで包み、冷凍用保存袋に入れて冷凍する。

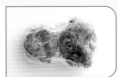

冷凍ストック B

★ Point ★
めかじきの大きさによって、
食べやすい大きさに切り分けましょう。

めかじきの照り焼き

小麦粉をまぶしてしっとりと

材料（3回分）
めかじき…150g　　油…大さじ½
小麦粉…少々　　　A しょうゆ、みりん…各大さじ½

作り方
❶ めかじきは一口大に切り分け、小麦粉をまぶす。
❷ フライパンに油を熱し、①を焼く。裏返したら混ぜ合わせたAを入れ、煮詰めながらめかじきにからめ、中まで火を通す。

冷凍のしかた

1切れずつラップで包み、冷凍用保存袋に入れて冷凍する。

用意する
冷凍
ストック

 Ⓐ 鶏のから揚げ

 Ⓑ めかじきの
照り焼き

 Ⓒ キャベツ
にんじん

 Ⓓ 小松菜パプリカ

 Ⓔ まいたけの
チーズ焼き

 Ⓕ 揚げなす

キャベツにんじん
せん切り野菜は使い勝手のいい具材

材料（3回分）
キャベツ…70g
にんじん（6cm厚さの輪切り）…1個（60g）

作り方
❶ キャベツはせん切りにする。にんじんはピーラーで薄切り
　にしてからせん切りにする。
❷ キャベツとにんじんを混ぜ合わせる。

　　冷凍のしかた

3等分してラップで包み、冷凍用
保存袋に入れて冷凍する。

冷凍ストック **Ⓒ**

★ **Point** ★
にんじんはピーラーで
薄切りにしておくと、
キャベツに混ざりやすくなります。

小松菜パプリカ
冷水で冷まして歯ごたえを保って

材料（3回分）
小松菜…2株（80g）　赤パプリカ…約½個（80g）

作り方
❶ 小松菜は3cm幅に切る。パプリカは長さ3cm程度の細切り
　にする。
❷ ①を1分ほどゆで、冷水にとって粗熱をとる。

　　冷凍のしかた

4等分してラップで包み、冷凍用
保存袋に入れて冷凍する。

冷凍ストック **Ⓓ**

★ **Point** ★
パプリカは真上からくぼみに沿って
切り目を入れ、下からむくように
割ると、種がきれいに取れます。

冷凍ストック E

まいたけのチーズ焼き
香ばしくておいしい

材料（3回分）
まいたけ…120g　**ピザ用チーズ**…大さじ4

作り方
① まいたけは小さくさく。
② フライパンにクッキングシートを敷き、ピザ用チーズを広げて火にかける。
③ チーズが溶けてきたら上にまいたけをのせる。フライ返しなどで押さえつけながら焼き、チーズにこんがりと焼き色がついてきたら火を止めてそのまま冷ます。

★ **Point** ★
クッキングシートを使うことで
こげつきを防ぎつつ、チーズをこんがり焼きます。

冷凍のしかた

3等分してラップで包み、さらに
冷凍用保存袋に入れて冷凍する。

冷凍ストック F

揚げなす
揚げるとなすの甘みが引き立つ

材料（3個分）
なす…大1本(120g)　　**油**…適量

作り方
① なすは皮をむかずに縦半分に切ったあと乱切りにする。
② 油を中温に熱し、①を揚げ焼きにする。

冷凍のしかた

3等分してラップで包み、さらに
冷凍用保存袋に入れて冷凍する。

★ **Point** ★
なすを切ってすぐに調理しない場合は、
水にさらしましょう。

冷凍ストック以外の食材

	月 曜日	**火** 曜日	**水** 曜日	**木** 曜日	**金** 曜日	**土** 曜日	**日** 曜日
炭水化物	ごはん	ごはん	ごはん	ごはん	ごはん	ごはん	ごはん
たんぱく質	ベーコン				ベーコン、卵、牛乳		
ビタミン・ミネラル	ミニトマト、青のり、白いりごま		白すりごま			青ねぎ	ミニトマト、青のり、白いりごま
調味料・油・その他	顆粒コンソメ	しょうゆ、バター	しょうゆ、砂糖、酢、だし汁、みそ	しょうゆ、油、顆粒コンソメ	マヨネーズ、油、だし汁、しょうゆ、かつおぶし	酢、しょうゆ、砂糖、トマトケチャップ、顆粒鶏がらスープ	ポン酢しょうゆ

3週目の冷凍ストックで アレンジメニュー

から揚げはそのままでも
おいしいですが、
野菜と組み合わせて
南蛮漬けにしたり、
甘酢あんかけにすると、
違ったおいしさが楽しめます。

月曜日 →	火曜日 →	水曜日 →	木曜日 →	金曜日 →	土曜日 →	日曜日

鶏のから揚げのトマトあえ せん切り野菜のスープ 青のりと白ごまのごはん	めかじきの照り焼き 野菜のソテー ごはん	鶏のから揚げの南蛮漬け なすのみそ汁 ごはん	お魚チャーハン まいたけスープ	野菜のオムレツ おひたし ごはん	鶏となすの甘酢あん まいたけスープ ごはん	めかじきとまいたけのチーズ焼き 揚げなすポン酢 青のりと白ごまのごはん

せん切り野菜のスープ

ミニトマトの
甘酸っぱさで
さっぱりと
した味に

青のりと
白ごまの
ごはん

鶏のから揚げの
トマトあえ

月
曜日
Monday

鶏のから揚げのトマトあえ

材料

冷凍ストック

 Ⓐ **鶏のから揚げ**
…1個

＋

ミニトマト…3個（30g）

作り方

① Ⓐ鶏のから揚げは電子レンジで1分30秒ほど加熱して、食べやすい大きさに切る。
② 4等分に切ったミニトマトと①を合わせ、電子レンジで20秒ほど加熱する。

せん切り野菜のスープ

材料

冷凍ストック

 Ⓒ **キャベツにんじん**
…1個

＋

ベーコン（ハーフサイズ・細切り）…1枚
顆粒コンソメ…小さじ½
水…150㎖

作り方

① 耐熱容器に全材料を入れ、電子レンジで2分ほど加熱して混ぜる。

青のりと白ごまのごはん

材料

ごはん…子ども用茶碗1杯
青のり、白いりごま…各少々

作り方

① ごはんに青のりと白ごまをふる。

ごはん

野菜のソテー

めかじきの
照り焼き

火
曜日
Tuesday

野菜の
歯ごたえを
味わわせて

めかじきの照り焼き

材料

冷凍ストック

めかじきの
照り焼き
…1個

作り方

❶ B めかじきの照り焼きは電子
レンジで1分ほど加熱する。

野菜のソテー

材料

冷凍ストック

小松菜パプリカ
…2個

＋

しょうゆ…小さじ½
バター…小さじ1

作り方

❶ D 小松菜パプリカを電子レン
ジで1分30秒加熱する。

❷ 水けをきり、熱いうちにしょ
うゆとバターをからめる。

ごはん …子ども用茶碗1杯

鶏のから揚げの南蛮漬け

材料

冷凍ストック

鶏のから揚げ
…1個

小松菜パプリカ
…1個

＋

A ┌ しょうゆ、砂糖、
　　水…各小さじ1
　└ 酢…小さじ½

作り方

❶ A 鶏のから揚げ、D 小松菜パ
プリカは一緒に耐熱容器に入
れて電子レンジで1分ほど加
熱する。鶏のから揚げは食べ
やすい大きさに切り、小松菜
パプリカは水けをきる。

❷ 混ぜ合わせたAを電子レンジ
で20秒ほど加熱し、①にかける。

なすのみそ汁

材料

冷凍ストック

揚げなす
…1個

＋

だし汁…100mℓ
みそ…小さじ1
白すりごま…小さじ½

作り方

❶ 耐熱容器に F 揚げなす、だし
汁を入れて電子レンジで2分
ほど加熱し、みそを加えて混
ぜ、白ごまをふる。

ごはん …子ども用茶碗
1杯

なすのみそ汁

水
曜日
Wednesday

鶏のから揚げの
南蛮漬け

ごはん

から揚げは
キッチンばさみ
で切るとラク

まいたけ
スープ

きのこと
チーズと
コンソメで
うまみのある
スープに

girls will be girls will be girls will be girls will be

お魚チャーハン

お魚チャーハン

材料

冷凍ストック

 B めかじきの
照り焼き
…1個

C キャベツにんじん
…1個

＋

ごはん…子ども用茶碗1杯
しょうゆ…小さじ1　油…大さじ½

作り方

❶ **B めかじきの照り焼き**、
C キャベツにんじんは一
緒に電子レンジで1分ほ
ど加熱する。めかじきは
ほぐし、キャベツにんじ
んは粗みじん切りにする。

❷ フライパンに油を熱し、
①とごはんを炒めてしょ
うゆで味つけする。

まいたけスープ

材料

冷凍ストック

 E まいたけの
チーズ焼き
…1個

＋

水…100㎖
顆粒コンソメ…小さじ½

作り方

❶ 耐熱容器に **E まいたけの
チーズ焼き**、水を入れて
電子レンジで2分ほど加
熱し、コンソメを加えて
混ぜる。

野菜のオムレツ

材料

冷凍ストック

 C キャベツにんじん
…1個

＋

ベーコン（ハーフサイズ）…1枚
溶き卵…1個分
牛乳…大さじ1
マヨネーズ…小さじ½
油…大さじ½

作り方

❶ **C キャベツにんじん**は電
子レンジで1分ほど加熱
する。キャベツにんじん
とベーコンを粗みじん切
りにする。

❷ ①と卵、牛乳、マヨネー
ズを混ぜ合わせ、油を熱
したフライパンで軽く混
ぜながら焼き、形を整え
中まで火を通す。

おひたし

材料

冷凍ストック

  D 小松菜パプリカ
…1個

＋

だし汁…大さじ1
しょうゆ…小さじ½
かつおぶし…少々

作り方

❶ **D 小松菜パプリカ**は電子
レンジで1分ほど加熱し、
水けを絞る。

❷ ①にだし汁、しょうゆ、か
つおぶしを加えて混ぜる。

ごはん…子ども用茶碗
1杯

ごはん

野菜のオムレツ

おひたし

牛乳と
マヨネーズで
ふんわり！

土
曜日
Saturday

まいたけスープ

ごはん

鶏となすの甘酢あん

甘酢あんも
レンチンで
ラクラク

鶏となすの甘酢あん

材料
冷凍ストック

A 鶏のから揚げ
…1個

F 揚げなす
…1個

+

A 酢、しょうゆ…各小さじ½
砂糖、トマトケチャップ…各小さじ1

作り方
❶ A鶏のから揚げ、F揚げなすは一緒に耐熱容器に入れ、電子レンジで1分ほど加熱する。鶏のから揚げはキッチンばさみなどで食べやすく切る。
❷ Aを混ぜ合わせ、電子レンジで30秒加熱し、①と混ぜ合わせる。

まいたけスープ

材料
冷凍ストック

E まいたけの
チーズ焼き
…1個

+

青ねぎ(小口切り)…少々
顆粒鶏がらスープ
…小さじ½
水…100㎖

作り方
❶ 耐熱容器にEまいたけのチーズ焼き、水、青ねぎを入れて電子レンジで2分ほど加熱し、鶏がらスープを加えて混ぜる。

ごはん …子ども用茶碗 1杯

めかじきとまいたけのチーズ焼き

材料
冷凍ストック

B めかじきの
照り焼き
…1個

E まいたけの
チーズ焼き
…1個

作り方
❶ Bめかじきの照り焼き、Eまいたけのチーズ焼きは一緒に耐熱容器に入れて電子レンジで2分ほど加熱し混ぜる。

揚げなすポン酢

材料
冷凍ストック

F 揚げなす
…1個

+

ミニトマト…1個
ポン酢しょうゆ…小さじ1

作り方
❶ F揚げなすは電子レンジで40秒ほど加熱する。
❷ ミニトマトは4等分に切る。①と合わせて、ポン酢しょうゆであえる。

青のりと白ごまのごはん

材料
ごはん…子ども用茶碗1杯
青のり、白いりごま…各少々

作り方
❶ ごはんに青のりと白ごまを混ぜる。

日
曜日
Sunday

かみごたえの
ある
メニューです

めかじきとまいたけの
チーズ焼き

青のりと白ごまのごはん

揚げなすポン酢

4週目の冷凍ストック

えびのすり身のハンバーグやささがきごぼうなど、かむほどに味わえる食材を冷凍します。

用意する
冷凍
ストック
➡ Ⓐ Ⓑ Ⓒ Ⓓ Ⓔ   Ⓕ

豚肉と野菜の　えびバーグ　　ごぼうと玉ねぎ　えのきとトマト　りんごと　　　ピーマンと
中華煮　　　　　　　　　　　　　　　　　　　　　　　　　キャベツ　　　にんじん

冷凍ストック Ⓐ

Point
蒸し焼きにすると肉が乾燥せず
やわらかく仕上がります

豚肉と野菜の中華煮
野菜たっぷりのおかず

材料（3回分）
豚薄切り肉(赤身)…180g
白菜…60g
小松菜…約1株(45g)

赤パプリカ…
約⅕個(30g)
顆粒鶏がらスープ
…小さじ½

油…小さじ1
水…50㎖

作り方
❶ 豚肉は一口大、白菜、パプリカは2㎝四方、小松菜は2㎝
❷ 長さに切る。
　フライパンに油を熱して①を炒め、水、鶏がらスープを加
　えてふたをして蒸し焼きにし、肉に火を通す。

冷凍のしかた

3等分にしてラップで包み、冷凍
用保存袋に入れて冷凍する。

冷凍ストック Ⓑ

Point
えびは解凍したらくさみをとるために、
水けをしっかりふき取ります。

えびバーグ
えびの風味が広がる

材料（4回分）
むきえび(冷凍)…約20尾(180g)
木綿豆腐…150g

しょうゆ…小さじ1
かたくり粉、小麦粉
…各大さじ2
油…小さじ2

作り方
❶ えびを解凍して、ペーパータオルで水けをふき取り、豆腐、
　かたくり粉と一緒にフードプロセッサーなどですり混ぜる。
　しょうゆを加えて再度フードプロセッサーで混ぜる。
❷ 4等分にして小判形に丸めて小麦粉をまぶす。フライパン
　に油を熱し、両面に焼き色がつくまで焼いたら、ふたをし
　て蒸し焼きにし、中まで火を通す。

冷凍のしかた

1個ずつラップで包み、冷凍用保
存袋に入れて冷凍する。

★ Point ★
独特な香りのあるごぼうも、
玉ねぎと一緒にすると食べやすくなります。

ごぼうと玉ねぎ
ささがきにしたごぼうの食感に挑戦

材料（3回分）
ごぼう…½本（50g）
玉ねぎ…¼個（50g）

作り方
❶ ごぼうはささがきにして水にさらす。玉ねぎは薄切りにする。
❷ ①をやわらかくなるまでゆでる。

冷凍のしかた

3等分にしてラップで包み、冷凍
用保存袋に入れて冷凍する。

★ Point ★
えのきだけはかみ切りにくいですが、
あえて少し長めにして練習します。

えのきとトマト
えのきを少し長めに切って

材料（3回分）
えのきだけ…50g　　　　油…小さじ1
トマト…½個（100g）　　水…大さじ2

作り方
❶ トマトは粗みじん切り、えのきだけは2㎝の長さに切る。
❷ フライパンに油を熱し、えのきだけを炒め、水とトマトを
　加えて水分が少なくなるまで炒める。

冷凍のしかた

3等分にしてラップで包み、冷凍
用保存袋に入れて冷凍する。

りんごとキャベツ

ほんのり甘い食材の組み合わせ

材料（3回分）
りんご…90g
キャベツ…90g

作り方
❶ りんご、キャベツは2mm程度の細切りにする。
❷ ①を電子レンジで3分ほど加熱する。

冷凍のしかた

3等分にしてラップで包み、冷凍用保存袋に入れて冷凍する。

E　冷凍ストック

★ Point ★
りんごはのどに詰まらせやすい食材なので、細切りにして加熱します。

ピーマンとにんじん

くせのある野菜にも挑戦

材料（3回分）
ピーマン…約½個（30g）
にんじん（3cm厚さの輪切り）…1個（30g）

作り方
❶ にんじん、ピーマンは幅がやや広めの細切りにし、電子レンジで2分ほど加熱する。

冷凍のしかた

3等分にしてラップで包み、冷凍保存用袋に入れて冷凍する。

F　冷凍ストック

★ Point ★
ピーマンは、しっかり加熱すると苦みがやわらぎます。

冷凍ストック以外の食材

	月 曜日	火 曜日	水 曜日	木 曜日	金 曜日	土 曜日	日 曜日
炭水化物	ごはん	ごはん	ゆでうどん	ごはん	ごはん	ごはん	ごはん
たんぱく質		プレーンヨーグルト					
ビタミン・ミネラル			青のり		白いりごま		
調味料・油・その他	顆粒鶏がらスープ	ごま油、しょうゆ、オリーブ油	だし汁、しょうゆ、みりん、ごま油	だし汁、かたくり粉、油、しょうゆ	ごま油、かたくり粉、顆粒鶏がらスープ、みそ、だし汁	トマトケチャップ、砂糖、酢、オリーブ油、しょうゆ	しょうゆ、油、みりん、マヨネーズ

4週目の冷凍ストックで アレンジメニュー

さまざまな食感の食材に挑戦できる時期ですが、好き嫌いも出てくるころ。献立をいろいろアレンジして、食事を楽しんでいきましょう。

月曜日 →	火曜日 →	水曜日 →	木曜日 →	金曜日 →	土曜日 →	日曜日

豚肉と野菜の中華煮

えのきとトマトの中華スープ

ごはん

えびのビビンパ風のっけごはん

りんごとキャベツのヨーグルトサラダ

ちゃんぽん風うどん

ごぼうと玉ねぎの青のりあえ

えびバーグの野菜あんかけ

ピーマンとにんじんのソテー

ごはん

中華丼

ピーマンとにんじんのナムル

ごぼうと玉ねぎのみそ汁

えびチリ風バーグ

りんごとキャベツのマリネ

えのきとトマトのおひたし

ごはん

ごぼうと玉ねぎの混ぜごはん

照り焼きえびバーグ

りんごとキャベツのマヨサラダ

月曜日 Monday

えのきとトマトの中華スープ

野菜もたっぷりで大満足

ごはん

豚肉と野菜の中華煮

豚肉と野菜の中華煮

材料

冷凍ストック

Ⓐ 豚肉と野菜の中華煮 …1個

作り方

❶ Ⓐ豚肉と野菜の中華煮は電子レンジで2分ほど加熱する。

えのきとトマトの中華スープ

材料

冷凍ストック

Ⓓ えのきとトマト …1個

＋

顆粒鶏がらスープ…小さじ½
水…100㎖

作り方

❶ 耐熱容器にⒹえのきとトマト、水、鶏がらスープを入れて電子レンジで2分ほど加熱する。

ごはん …子ども用茶碗1杯

火
曜日
Tuesday

りんごキャベツの
ヨーグルトサラダ

えびのビビンパ風
のっけごはん

ごま油の
風味がきいて
おいしい

えびのビビンパ風のっけごはん

材料

冷凍ストック

B えびバーグ
…1個

+

F ピーマンとにんじん
…1個

+

ごま油、しょうゆ…各小さじ½
ごはん…子ども用茶碗1杯

作り方

❶ **B えびバーグ**は電子レンジで1分30秒ほど加熱し、そぼろ風にほぐす。

❷ **F ピーマンとにんじん**は電子レンジで1分ほど加熱し、ごま油としょうゆをかけてざっくり混ぜ合わせる。

❸ ②、①の順にごはんにのせる。

りんごキャベツのヨーグルトサラダ

材料

冷凍ストック

E りんごとキャベツ
…1個

+

プレーンヨーグルト…大さじ1
オリーブ油…小さじ½

作り方

❶ **E りんごとキャベツ**は電子レンジで30秒ほど加熱し、プレーンヨーグルトとオリーブ油を混ぜ合わせる。

水
曜日
Wednesday

ごぼうと
玉ねぎの
青のりあえ

具がたっぷりの
うどんメニュー

ちゃんぽん風うどん

ちゃんぽん風うどん

材料

冷凍ストック

**A 豚肉と野菜の
中華煮**
…1個

+

ゆでうどん…100g
だし汁…200mℓ
しょうゆ…小さじ½
みりん…小さじ1
ごま油…少々

作り方

❶ **A 豚肉と野菜の中華煮**は電子レンジで2分ほど加熱する。

❷ 鍋にだし汁を入れて沸騰させ、うどん、①、しょうゆ、みりんを加えて煮立たせ、ごま油をたらす。

ごぼうと玉ねぎの青のりあえ

材料

冷凍ストック

C ごぼうと玉ねぎ
…1個

+

青のり…少々

作り方

❶ **C ごぼうと玉ねぎ**は電子レンジで40秒ほど加熱し、青のりとよく混ぜ合わせる。

ごはん

ピーマンと
にんじんの
ソテー

食べにくい
えのきも
あんがあるから
大丈夫

えびバーグの
野菜あんかけ

えびバーグの野菜あんかけ

材料

冷凍ストック

B えびバーグ
…1個

D えのきとトマト
…1個

＋

だし汁…50㎖
かたくり粉…小さじ1

作り方

❶ B えびバーグは電子レンジで
1分30秒ほど加熱する。

❷ D えのきとトマトは電子レン
ジで20秒ほど加熱する。

❸ フライパンを熱し、②とだし
汁を入れて軽く煮る。倍量の
水(材料外)で溶いたかたくり
粉を加えてとろみをつけ、①
にかける。

ピーマンとにんじんのソテー

材料

冷凍ストック

F ピーマンと
にんじん
…1個

＋

油、しょうゆ…各少々

作り方

❶ F ピーマンとにんじんは電子
レンジで20秒ほど加熱する。

❷ フライパンに油を熱して①を
炒め、しょうゆを入れて味を
つける。

ごはん …子ども用茶碗
1杯

中華丼

材料

冷凍ストック

A 豚肉と野菜の
中華煮
…1個

＋

ごま油…小さじ1
かたくり粉…小さじ1
ごはん…子ども用茶碗1杯

作り方

❶ A 豚肉と野菜の中華煮は電子
レンジで2分ほど加熱する。

❷ フライパンにごま油、①、か
たくり粉を倍量の水(材料外)
で溶いて入れて加熱し、とろ
みをつける。

❸ ごはんの上に②をのせる。

ピーマンとにんじんのナムル

材料

冷凍ストック

F ピーマンと
にんじん
…1個

＋

顆粒鶏がらスープ…小さじ¼
ごま油、白いりごま…各少々

作り方

❶ F ピーマンとにんじんは電子
レンジで30秒ほど加熱する。

❷ ①にごま油、鶏がらスープ、
白ごまを混ぜ合わせて電子レ
ンジで20秒ほど加熱する。

ごぼうと玉ねぎのみそ汁

材料

冷凍ストック

C ごぼうと玉ねぎ
…1個

＋

みそ…小さじ1　だし汁…100㎖

作り方

❶ 耐熱容器に C ごぼうと玉ねぎ、
だし汁を入れて電子レンジで
2分ほど加熱し、みそを加え
て混ぜる。

ごぼうと玉ねぎの
みそ汁

中華丼

7品目の
野菜がとれて
食べごたえ
満点

ピーマンと
にんじんの
ナムル

りんごとキャベツのマリネ

ごはん

えのきと
トマトの
おひたし

甘酢っぱい
味が
ごはんに合う

えびチリ風
バーグ

えびチリ風バーグ

材料
冷凍ストック

B えびバーグ
…1個

＋

トマトケチャップ…小さじ1
砂糖、水…各小さじ½

作り方
❶ Bえびバーグは電子レンジで
1分30秒ほど加熱し、一口大
に切る。
❷ トマトケチャップ、砂糖、水
を混ぜ、電子レンジで20秒ほ
ど加熱して混ぜ、①にあえる。

りんごとキャベツのマリネ

材料
冷凍ストック

E りんごとキャベツ
…1個

＋

酢…小さじ½　オリーブ油…小さじ1　砂糖…小さじ⅓

作り方
❶ Eりんごとキャベツは電子レ
ンジで20秒ほど加熱する。
❶ 酢とオリーブ油を①に加えて電
子レンジで20秒ほど加熱する。

えのきとトマトのおひたし

材料
冷凍ストック

D えのきとトマト
…1個

＋

しょうゆ…少々

作り方
❶ Dえのきとトマトは電子レン
ジで30秒ほど加熱し、しょ
うゆを混ぜる。

ごはん …子ども用茶碗
1杯

ごぼうと玉ねぎの混ぜごはん

材料
冷凍ストック

C ごぼうと玉ねぎ
…1個

＋

ごはん…子ども用茶碗1杯　しょうゆ…小さじ½

作り方
❶ Cごぼうと玉ねぎは電子レン
ジで40秒ほど加熱し、しょ
うゆを加えてごはんに混ぜる。

照り焼きえびバーグ

材料
冷凍ストック

B えびバーグ
…1個

＋

油…少々
みりん…小さじ1
しょうゆ…小さじ½

作り方
❶ Bえびバーグは電子レンジで1
分30秒ほど加熱する。
❷ フライパンに油を熱し、①を焼
き、両面に焼き目がついたら、
みりんとしょうゆを混ぜて入れ、
煮からめる。

りんごとキャベツのマヨサラダ

材料
冷凍ストック

E りんごと
キャベツ
…1個

＋

マヨネーズ…小さじ½

作り方
❶ Eりんごとキャベツは電子レン
ジで30秒ほど加熱し、マヨネ
ーズであえる。

日
曜日
Sunday

ごはんに
混ぜると
ごぼうが
食べやすい

りんごと
キャベツの
マヨサラダ

ごぼうと玉ねぎの混ぜごはん

照り焼きえびバーグ

フリージング1品メニュー

かむ力がついてくる3～5才代の子には、かみごたえのある食材を使ったり、
大きめに切った食材を取り入れた1品メニューを用意しました。
1週～4週の献立内のレシピと交換したり、朝食や昼食のメニューとして活用できます。
解凍の際は、1食分につき電子レンジで1分～1分半（ごはんメニューは2分）を目安に加熱してください。

メインのおかず

食べごたえのある肉、魚、卵メインのおかず。かむほどに味わえるメニューをそろえました。

冷凍のしかた	できあがりを4等分し、ラップで包んで冷凍用保存袋に入れて冷凍する。

うずらの豚巻き
かじり取って食べる練習にぴったり

材料（4食分）
豚薄切り肉…4枚（100g）
うずらの卵（ゆでたもの）…8個
かたくり粉…小さじ1
油…少々

A［水…大さじ2
　トマトケチャップ…大さじ1
　しょうゆ、砂糖…各小さじ2］

作り方
❶ 豚肉は長さを半分に切ってうずらの卵に巻き、かたくり粉をまぶす。
❷ フライパンに油を熱し、①の巻き終わりを下にして入れる。転がしながら全面を焼き、肉に火が通ったら、Aを混ぜ合わせて加え、からめる。食べやすい大きさに切る。

冷凍のしかた	できあがりを4等分し、ラップで包んで冷凍用保存袋に入れて冷凍する。

鶏肉のマーマレード焼き
ジャムを使ったたれがおいしい

材料（4食分）
鶏もも肉…200g
マーマレード…大さじ1と½
しょうゆ…小さじ1
油…小さじ1

作り方
❶ マーマレードとしょうゆを混ぜ合わせ、鶏肉を10分以上漬ける。
❷ フライパンに油を熱して①を入れ、肉を中まで火が通るまで焼く。食べやすい大きさに切り分ける。

ハニーマスタードチキン

子どもの好きな甘じょっぱ味

材料（4食分）
鶏もも肉…200g
玉ねぎ…1/10個（20g）
はちみつ…小さじ2
粒マスタード…小さじ1強
しょうゆ…小さじ2
油…小さじ1

作り方
❶ 玉ねぎは繊維に沿って薄切りにする。
❷ はちみつ、粒マスタード、しょうゆを混ぜ合わせ、鶏肉と玉ねぎを10分以上漬ける。
❸ フライパンに油を熱して②を入れ、肉の中まで火が通るまで焼く。鶏肉を食べやすい大きさに切り分ける。

冷凍のしかた | できあがりを4等分し、ラップで包んで冷凍用保存袋に入れて冷凍する。

ポークピカタ

卵の衣がついてボリューム満点

材料（4食分）
豚薄切り肉…160g
塩…少々
溶き卵…2個分
小麦粉…適量
油…小さじ1
トマトケチャップ、マヨネーズ…各小さじ2

作り方
❶ 豚肉は一口大に切り分け、塩で下味をつけて小麦粉をまぶす。
❷ フライパンに油を熱し、①を溶き卵にくぐらせて入れ、両面を焼いて、中まで火を通す。
❸ トマトケチャップとマヨネーズを混ぜ、③にかける。

冷凍のしかた | ソースをかける前に4等分し、ラップで包んで冷凍用保存袋に入れて冷凍する。

シューマイ

野菜たっぷりのやさしい味

材料（4食分）
豚ひき肉…240g
玉ねぎ…1/5個（40g）
キャベツ…20g
おろししょうが…チューブ2cm程度
しょうゆ…小さじ2
塩…小さじ1/2
かたくり粉…小さじ2
シューマイの皮…24枚

作り方
❶ 玉ねぎ、キャベツは粗みじん切りにし、電子レンジで1分程度加熱し、粗熱をとる。
❷ 豚ひき肉、おろししょうが、しょうゆ、塩を合わせ、粘りけが出るまでねり、①とかたくり粉を加え、さらにねる。
❸ シューマイの皮に②を大さじ1ずつのせて包む。フライパンにシューマイを並べた耐熱皿をのせて、沸騰してから5分程度蒸す。

冷凍のしかた | 4等分（1食分6個ずつ）し、ラップで包んで冷凍用保存袋に入れて冷凍する。

牛肉ときのこの炒め煮
きのこのうまみで牛肉がおいしい

材料（4食分）
牛薄切り肉…200g
玉ねぎ…½個（100g）
まいたけ…30g
しめじ…30g

ごま油…小さじ1
A［ だし汁…100mℓ
　　しょうゆ…大さじ1
　　砂糖…小さじ1

作り方
❶ 牛肉は細切りにし、玉ねぎは薄切りにする。まいたけは1〜2cm程度に切り、しめじはこまかく切る。フライパンにごま油を熱し、玉ねぎを炒める。しんなりしたら牛肉を加え、肉の色が変わったら、まいたけとしめじを入れて炒める。
❷ Aを加えて、肉に火が通り、汁けがなくなるまで煮る。

冷凍のしかた | できあがりを4等分し、ラップで包んで冷凍用保存袋に入れて冷凍する。

牛ひき肉のカレートマト煮
ごはんにかければキーマカレー風に

材料（4食分）
牛ひき肉…200g
玉ねぎ…約⅓個（70g）
にんじん（3cm厚さの輪切り）…1個（30g）

トマト水煮（缶詰）…150g
バター…5g
A［ トマトケチャップ…小さじ2
　　カレー粉、顆粒コンソメ…各小さじ½
パセリ（乾燥）…少々

作り方
❶ 玉ねぎ、にんじんはみじん切りにする。
❷ フライパンにバターを熱し、①を炒める。しんなりしたら牛ひき肉を加えて炒め、肉の色が変わったらトマト水煮を加えて煮る。
❸ ②にAを加えて味をととのえる。器に盛り、パセリをふる。

冷凍のしかた | パセリをふる前に4等分し、ラップで包んで冷凍用保存袋に入れて冷凍する。

鮭のちゃんちゃん焼き
野菜の水分で鮭がしっとり食べやすい

材料（4食分）
鮭（切り身）…200g
にんじん（3cm厚さの輪切り）…1個（30g）
玉ねぎ…½個（100g）

ピーマン…小½個（20g）
キャベツ…80g
酒、塩…各少々
油…小さじ1
A みそ、みりん…各小さじ2

作り方
❶ 鮭は食べやすい大きさに切り、酒と塩をふり、しばらくおいてから軽く水けをふき取る。にんじんは短冊切り、玉ねぎは薄切り、ピーマンは細切り、キャベツは色紙切りにする。
❷ フライパンに油を熱し、①の鮭を焼く。あいているところで①のにんじん、玉ねぎ、キャベツを順に炒める。鮭におおよそ火が通ったら、野菜を広げ、その上に鮭を置き、①のピーマンを加えてふたをして蒸し焼きにする。混ぜ合わせたAをかけて、軽く混ぜ合わせる。

ふわふわ卵焼き

子どもが喜ぶふわふわ食感

材料（4食分）
はんぺん…1枚
ミックスベジタブル（冷凍）
…大さじ2（20g）
溶き卵…½個分
かたくり粉…小さじ2
油…小さじ1

作り方
❶ ミックスベジタブルは水少々（材料外）をかけ、電子レンジで2分ほど加熱する。
❷ 油以外の残りの材料と①をポリ袋に入れ、はんぺんをくずしながらねる。
❸ 袋の端を切って8等分に絞り出し、小判形に成形する。
❹ フライパンに油を熱して③を入れ、両面がこんがりし、中に火が通るまで焼く。

冷凍のしかた｜1枚ずつラップで包んで1食分（2枚）にまとめ、冷凍用保存袋に入れて冷凍する。

カレー竜田

魚のくさみを抑えたほんのりカレー風味

材料（4食分）
さば（切り身）
…200g
酒…少々
A　おろししょうが、カレー粉…各少々
　　しょうゆ…小さじ1
かたくり粉、揚げ油…各適量

作り方
❶ さばを8等分など食べやすい大きさに切る。
❷ ①に酒をふってしばらくおき、余分な水けをふき取る。
❸ 混ぜ合わせたAに②を漬けてから、かたくり粉をまぶす。
❹ 中温に熱した油に③を入れて、中まで火を通す。

冷凍のしかた｜できあがりを1切れずつラップで包んで冷凍用保存袋に入れて冷凍する。

たらのパン粉焼き

食べるときに骨を再度確認して

材料（4食分）
たら（切り身）…200g
マヨネーズ…大さじ1
パン粉…大さじ3〜5
パセリ（乾燥）…少々
油…大さじ2

作り方
❶ たらは骨を取り、8等分など食べやすい大きさに切る。
❷ ①の表面にマヨネーズを薄く塗り、パン粉とパセリを合わせ、握るようにしてしっかりつける。
❸ フライパンに油を熱し、②を揚げ焼きにする。途中で裏返し、さらに焼いて中まで火を通す。

冷凍のしかた｜できあがりを1切れずつラップで包んで冷凍用保存袋に入れて冷凍する。

野菜のおかず

副菜として活躍する野菜のおかずです。幼児食後期では、大人と同じかたさに調理して大丈夫。よくかんで食べるように促しましょう。

| 冷凍のしかた | できあがりを4等分し、ラップで包んで冷凍用保存袋に入れて冷凍する。 |

オクラとにんじんの ネバネバあえ

オクラの種は除かなくて大丈夫

材料（4食分）
オクラ…8本（70g）
にんじん（6cm厚さの輪切り）
…1個（60g）
しょうゆ…小さじ½
かつおぶし…少々

作り方
❶ オクラ、にんじんは別々にゆで、オクラはみじん切り、にんじんは短冊切りにする。
❷ しょうゆとかつおぶしを合わせ、①をあえる。

| 冷凍のしかた | できあがりを4等分し、ラップで包んで冷凍用保存袋に入れて冷凍する。 |

まいたけとほうれん草の バター炒め

バターでほうれん草の苦みがやわらぐ

材料（4食分）
まいたけ…½パック（50g）
ほうれん草（ゆでたもの）…2と½株（100g）
バター…5g
しょうゆ…小さじ½

作り方
❶ まいたけ、ほうれん草は3cm長さに切る。
❷ フライパンにバターを熱し、①を炒める。しんなりしたらしょうゆを加えて軽く炒める。

小松菜のしらすあえ
コーンの食感が楽しい

材料（4食分）
しらす干し…20g　　　しょうゆ…小さじ½
小松菜…3と½株(140g)　だし汁…大さじ1
ホールコーン(缶詰)…20g

作り方
❶ 小松菜はゆでて2〜3cm長さに切る。ホールコーンは汁けをきる。
❷ 残りの材料を合わせ①をあえる。

| 冷凍のしかた | できあがりを4等分し、ラップで包んで冷凍用保存袋に入れて冷凍する。 |

白菜とにんじんのポン酢あえ
ほんのり酸っぱいさっぱり味

材料（4食分）
白菜…140g　　　　　　ポン酢しょうゆ…小さじ1と½
にんじん（4cm厚さの輪切り）　かつおぶし…少々
…1個(40g)

作り方
❶ 白菜、にんじんは3cm幅の短冊切りにしてゆでる。粗熱をとって水けを軽く絞る。
❷ ポン酢しょうゆにかつおぶしを合わせて①をあえる。

| 冷凍のしかた | できあがりを4等分し、保存容器または冷凍用保存袋に入れて冷凍する。 |

ブロッコリーのチーズのせ
味つけはチーズのうまみと塩けだけ

材料（4食分）
スライスチーズ…1枚(20g)
ブロッコリー…小房8個(120g)

作り方
❶ ブロッコリーは食べやすい大きさに切り、ゆでる。
❷ ①にスライスチーズをのせて、電子レンジで40秒加熱し、チーズを溶かす。

| 冷凍のしかた | できあがりを4等分し、ラップで包んで冷凍用保存袋に入れて冷凍する。 |

お好み焼き
干しえびが味のアクセント

材料（4食分）
溶き卵…1個分	小麦粉…大さじ3
干しえび…小さじ4	水…大さじ1
キャベツ…150g	油…小さじ1
青ねぎ…20g	お好み焼きソース…適量
	青のり…適量

作り方
① キャベツはみじん切り、青ねぎは小口切りにする。
② 溶き卵、小麦粉、水を混ぜ合わせ、①とちぎった干しえびを加えて混ぜる。
③ フライパンに油を熱し、②を¼量ずつ流し入れて円形に成形し、両面をじっくり焼いて中まで火を通す。
④ 食べやすい大きさに切り分け、お好み焼きソース、青のりをかける。

冷凍のしかた ソース、青のりをかける前に1枚ずつラップで包み、冷凍用保存袋で冷凍する。

アスパラガスのみそマヨあえ
ミニトマトは4等分に切って

材料（4食分）
グリーンアスパラガス…80g	マヨネーズ…小さじ2
ミニトマト…4個	みそ…小さじ½

作り方
① アスパラガスは下のかたい部分を取り除き、はかまはピーラーでむき、斜め薄切りにしてゆでる。ミニトマトは¼に切る。
② マヨネーズとみそを合わせて、①をあえる。

冷凍のしかた できあがりを4等分し、ラップで包んで冷凍用保存袋に入れて冷凍する。

キャベツとハムのクリーム煮
米粉は水溶きせず使ってもOK

材料（4食分）
ハム…2枚(20g)	玉ねぎ…½個(100g)
牛乳…100mℓ	水…400mℓ
キャベツ…100g	顆粒コンソメ…小さじ½
	米粉…小さじ4

作り方
① キャベツは5cm長さのざく切りに、玉ねぎは薄切りにする。
② ①の玉ねぎを水からゆで、沸騰したら①のキャベツを加える。野菜がやわらかくなったら弱火にし、細切りにしたハムと牛乳を加え、コンソメで味をととのえる。
③ 米粉を加えてよく混ぜ、とろみがつくまで煮る。

冷凍のしかた できあがりを4等分し、保存容器または冷凍用保存袋に入れて冷凍する。

かぼちゃとレーズンの マヨネーズあえ

かぼちゃはつぶしすぎず食感を残して

材料（4食分）
かぼちゃ…150g　　　　プロセスチーズ…2個（40g）
レーズン…大さじ1　　　マヨネーズ…小さじ1

作り方
❶ かぼちゃは2cm角に切り、水大さじ1（材料外）をかけて電子レンジで4分加熱し、粗熱をとる。
❷ レーズンはかぶるくらいのぬるま湯に10分つけてやわらかくもどし、縦半分に切る。
❸ プロセスチーズは5mm角に切り、①、②と合わせてマヨネーズであえる。

| 冷凍のしかた | できあがりを4等分し、ラップで包んで冷凍用保存袋に入れて冷凍する。 |

いんげんのバターソテー

さやいんげんは食べやすいよう下ゆでして

材料（4食分）
さやいんげん…80g　　　バター…5g
マッシュルーム…4個（40g）

作り方
❶ さやいんげんはすじを取り、斜め薄切りにしてゆでる。マッシュルームは軸の先端を切り落とし、薄切りにする。
❷ フライパンにバターを熱して①を入れ、マッシュルームがしんなりするまで炒める。

| 冷凍のしかた | できあがりを4等分し、ラップで包んで冷凍用保存袋に入れて冷凍する。 |

大根とにんじんのきんぴら

炒め煮で子どもにかみやすいかたさに

材料（4食分）
大根（3cm厚さの輪切り） …1個弱（100g）　　　ごま油…小さじ1
にんじん（4cm厚さの輪切り） …1個（40g）
A［ 水…大さじ1
　 しょうゆ…小さじ1
　 砂糖…小さじ½ ］

作り方
❶ 大根、にんじんは1cm幅のスティック状に切ってゆでる。
❷ フライパンにごま油を熱し、①を炒める。Aを加えて汁けがなくなるまで炒め煮にする。

| 冷凍のしかた | できあがりを4等分し、ラップで包んで冷凍用保存袋に入れて冷凍する。 |

1品で主食、主菜、副菜の栄養が入ったごはんメニューを紹介します。
野菜のおかずか、汁物をつければ栄養バランスが整った献立になります。

さば缶と牛乳の炊き込みごはん

牛乳で炊くとさばが食べやすくなる

材料（4食分）

米…1合	ごぼう…30g
牛乳…150mℓ	玉ねぎ…¼個（50g）
さば水煮（缶詰）	**しめじ…50g**
…1缶（200g）	**青のり…少々**

作り方

① 米はとぎ、30分水に浸してザルに上げておく。

② ごぼうはささがき、しめじ、玉ねぎは粗みじん切りにする。

③ 炊飯器に①の米を入れ、②と牛乳、さば水煮を汁ごと加え、混ぜて炊飯する。器に盛り、青のりをふる。

冷凍のしかた 青のりをふる前に4等分し、ラップで包んで冷凍用保存袋に入れて冷凍する。

炊き込みチャーハン風

炊飯器でできるチャーハン

材料（4食分）

米…1合	長ねぎ…40g
サラダチキン…1枚（約120g）	ごま油…小さじ1
溶き卵…1個分	**顆粒鶏がらスープ**
にんじん（8cm厚さの輪切り）	…小さじ½
…1個（80g）	水…170mℓ
しめじ…50g	

作り方

① 米はとぎ、炊飯器に入れて水を加え、30分おく。

② サラダチキン、にんじん、しめじ、長ねぎは粗みじん切りにする。

③ ①に②と卵、ごま油、鶏がらスープを入れ、混ぜて炊飯する。

冷凍のしかた できあがりを4等分し、ラップで包んで冷凍用保存袋に入れて冷凍する。

きつね炊き込みごはん

ミルク味のごはんに小松菜が合う

材料（4食分）

米…1合
油あげ…1枚（約30g）
小松菜…2株弱（70g）
顆粒和風だし…小さじ1
牛乳…170mℓ

作り方

❶ 米はとぎ、30分水に浸してザルに上げておく。
❷ 油あげは熱湯をかけて油抜きし、2cm程度の細切りに、小松菜は2cm長さに切る。
❸ 炊飯器に①の米を入れ、②と牛乳、和風だしを加え、混ぜて炊飯する。

冷凍のしかた	できあがりを4等分し、ラップで包んで冷凍用保存袋に入れて冷凍する。

牛肉としめじの 炊き込みごはん

ごぼう、しめじ入りでかみごたえあり

材料（4食分）

米…1合
牛薄切り肉…100g
しめじ…50g
ごぼう…60g
青ねぎ…少々
みりん…小さじ1
しょうゆ…小さじ2
水…170mℓ

作り方

❶ 米はとぎ、炊飯器に入れて水を加え、30分おく。
❷ 牛肉は一口大に切り、しめじは粗みじん切り、ごぼうはささがきにする。
❸ ①に②とみりん、しょうゆを入れ、混ぜて炊飯する。器に盛り、小口切りにした青ねぎをのせる。

冷凍のしかた	青ねぎをふる前に4等分し、ラップで包んで冷凍用保存袋に入れ冷凍する。

冷凍ストックで 一皿メニュー

忙しいときに大助かりのワンプレートメニューは、休日のお昼のメニューなどにぴったり。
ここでは、ごはんや麺があれば、ササッと用意ができておいしく食べられる、幼児用のカレーを紹介します。
魚が苦手な子にも、ぜひ食べてほしいおすすめの一品です。

冷凍ストックメニュー

めかじきのトマトカレー
魚を使っていると気づかないかも

材料（4食分）
めかじき…200g
玉ねぎ…½個（100g）
にんじん（5cm厚さの輪切り）…1個（50g）
トマト水煮（缶詰）…200g
小麦粉…大さじ1
油…小さじ1
おろしにんにく…チューブ2cm
カレー粉…小さじ1
顆粒コンソメ…小さじ2

作り方
❶ 玉ねぎは薄切り、にんじんは薄いいちょう切りにする。めかじきは食べやすい大きさに切って余分な水けをふき取り、小麦粉をまぶしておく。
❷ フライパンに油を熱し、にんにく、❶を入れて炒め、全体的に色が変わったら、カレー粉を入れて炒める。
❸ トマト水煮、コンソメを入れて魚の中まで火が通り、少しとろみがつくまで煮る。

冷凍のしかた

4等分して保存容器または冷凍用保存袋に入れて冷凍する。

★Point★
食べる機会が少ない食材はカレーの具に

カレーライスは、子どもにも大人にも人気のメニューです。日頃、魚をあまり食べる機会がないと感じたら、ぜひ魚のカレーにしてみてください。市販のルーを使ってもかまいません。生ぐさくて魚が苦手という子どもでも、香辛料の効果でくさみがなくなり、肉のような食感と食べごたえで満足してくれるはず。子どもの好きなメニューこそ、食べる機会が少ない食材を使うのにもってこい。特にカレーはおすすめのメニューです。

めかじきのトマトカレーをアレンジ

arrange 1
めかじきの
カレーライス

材料（1食分）
めかじきのトマトカレー…1個
ごはん…子ども用茶碗1杯
パセリ（乾燥）…少々（お好みで）

作り方
❶ めかじきのトマトカレーを電子レンジで
　2分ほど加熱してごはんに添え、お好み
　でパセリをかける。

レトルトのような
早さで作れる！

arrange 2
トマトカレー
うどん

材料（1食分）
めかじきのトマトカレー…1個
ゆでうどん（半分に切ったもの）…100g
だし汁…100㎖
かたくり粉…小さじ1
青ねぎ（小口切り）…少々

作り方
❶ めかじきのトマトカレーを電子レンジで
　2分ほど加熱する。
❷ 小鍋にだし汁を入れ、沸騰したらゆでう
　どんと❶を入れ、倍量の水（材料外）で溶
　いたかたくり粉を加えてとろみをつける。
❸ 器に盛り、青ねぎをのせる。

だし汁を入れる
だけで和風味に

フリージング1品メニューを使った
3才〜5才 幼児食後期の お弁当

登園用のお弁当作りが始まることに不安を感じるママ・パパは少なくありません。
でも大丈夫！ 冷凍作りおきができる「1品メニュー」（P130）を使ったお弁当の作り方を紹介します。

お弁当で一番大切なことは食中毒予防

子どものお弁当作りで一番大切なのは、食中毒の予防です。食材は冷ましてから詰め、水分の多いものは避けます。詰めるものは、中までしっかり火を通し、なるべく素手で触れないよう、使い捨ての手袋をしたり菜箸を使い、おにぎりはラップに包んで握りましょう。

お弁当作りのコツ

1 栄養バランスを考える

3〜5才代のお弁当箱は、400〜450mlを目安にするといいでしょう。主食：主菜：副菜の割合を3：1：2にすると、栄養バランスが整います。また赤・黄・緑・白・黒（紫）色の食材を使い、お弁当の彩りをよくすることでも栄養バランスはよくなります。

2 食べやすさを工夫する

お弁当箱で食べるのは、普段の食事とは違った難しさがあります。手で持って食べやすい形状にしたり、一口大に切ってスプーンやフォークで食べやすくするなどの工夫をしてあげましょう。おかず用のカップに入れるだけでも、食べやすさがアップします。

3 見た目を考える

凝りすぎる必要はありませんが、食べたい気持ちがわくように、見た目も考えましょう。かわいい形にくりぬいた食材をのせるだけでも見た目がかわいく華やかになります。型抜き用グッズを使ったり、カラフルなおかず用カップを利用するとよいでしょう。

食べやすさ満点弁当 ☺

子どもの食べやすさを重視したお弁当例。
食材を一口大に切り分けておくのがポイント。

★ **冷凍おかずをはさんでサンドイッチに**

かぼちゃとレーズンのマヨネーズあえ（P137）をサンドイッチ用の食パンにはさんでサンドイッチに。パンにマヨネーズを少量塗っておくと、接着剤代わりになり、具材が落ちにくくなります。

★ **おかずカップに入れるとスプーンで食べやすい**

まいたけとほうれん草のバター炒め（P134）は具材を一口大に切り、おかずカップに。直接お弁当箱に入れるより、スプーンやフォークで食べやすくなります。

★ **フォークで刺して食べやすいメニューに**

一口大に切ったハニーマスタードチキン（P131）は、弾力がありフォークで刺して食べやすいメニュー。同様にから揚げや竜田揚げ、シューマイなども食べやすいでしょう。

おかずの選び方ポイント

Point 1

調理法の違う
おかずを考える

主菜に揚げ物のおかずを入れたら、副菜はゆで野菜にするなど、違う調理法のおかずを考えましょう。同じ調理法のおかずを選ぶより、お弁当の栄養バランスが整いやすくなります。

Point 2

冷めてもおいしい
メニューを選ぶ

冷めるとかたくなってしまうものや、時間がたつとパサついてしまうものは避けます。味が落ちるだけでなく、冷めると子どもには食べにくくなってしまうものも避けましょう。

Point 3

味つけの違う
メニューを選ぶ

同じような味のものばかりでは、飽きてしまいます。しょうゆ、塩、砂糖、みそ、ソース、トマトケチャップ、カレー粉など、いろいろな調味料を使ったメニューを取り入れるとよいでしょう。

Point 4

水けを吸う食材で
おかずの水分を取る

水分が多いと食材が傷みやすくなります。ゆで野菜や煮物など水分が多いおかずは、水けをよくきって、かつおぶし、刻みのり、すりごまなど水分を吸わせる食材を加えるといいでしょう。

見た目華やか弁当 ☺

お弁当箱を開けるのが楽しみになる、
見た目を重視したお弁当例。
食材の彩りと形がポイント。

★ 彩りがきれいな
メニューを入れる

ふわふわ卵焼き（P133）は、ミックスベジタブルの色と卵の黄色が相まって彩り豊かなメニュー。お弁当は茶色になりがちですが、明るい彩りのおかずを、ぜひ1品入れてみましょう。

★ かわいい形に型抜きした
食材をのせる

ゆでブロッコリーなどの副菜の上に、チーズやハムなどをかわいい形に型抜きしてのせると、それだけで見た目がよくなります。苦手な食材をかわいく飾ると食べることもあります。

★ ちぎったのりで
デコレーション

おにぎりののりは、誤えん防止のためにもちぎるのが安心です。ちぎったのりは、おにぎりなどを飾るのにぴったり。サッカーボールに見立てたり、顔を描いたりと工夫しましょう。

監修者 川口由美子 (かわぐち ゆみこ)

管理栄養士。一般社団法人 母子栄養協会 代表理事。母子栄養指導士。女子栄養大学生涯学習講師。小児栄養学研究室にて離乳食の研究をし、育児用品メーカーで離乳食やベビーフード開発に携わる。管理栄養士として独立後は、テレビ、雑誌、WEBなどで離乳食や幼児食のレシピ提案、コラム執筆などを行う。主な監修書に『フリージング離乳食 5カ月～1歳半』(大泉書店)、『赤ちゃんのための補完食入門』(彩図社)など多数。

著者 母子栄養協会 (ぼしえいようきょうかい)

母子の健康維持増進を目的とし、栄養に関するさまざまな情報を発信している団体。妊産婦食、離乳食、幼児食などのレシピ開発や講演、料理教室などを行い、子育て世代に寄り添った情報の提供をしている。

レシピ・料理	シライカヨコ、茅野陽、奥野由、沼倉真宝子、村上あゆみ（母子栄養協会）
撮影	寺岡みゆき
スタイリング	深川あさり
デザイン	中川 純、伊藤綾乃（ohmae-d）
DTP	センターメディア
イラスト	かわべしおん
校閲	安久都淳子
モデル	原山蒼生
編集協力	笹川千絵

まねしてラクラク迷わない！
365日のフリージング幼児食

監修者	川口由美子
著 者	母子栄養協会
発行者	若松和紀
発行所	株式会社 西東社
	〒113-0034　東京都文京区湯島2-3-13
	https://www.seitosha.co.jp/
	電話　03-5800-3120（代）

※本書に記載のない内容のご質問や著者等の連絡先につきましては、お答えできかねます。

ISBN 978-4-7916-3208-4